AF491385

Técnicas avanzadas de blogs para crear ingresos pasivos en línea:

¡Aprenda cómo construir un blog rentable, siguiendo los mejores métodos de escritura, monetización y tráfico para ganar dinero como blogger hoy!

Por Thiago Rivera

"Técnicas avanzadas de blogs para crear ingresos pasivos en línea: ¡Aprenda cómo construir un blog rentable, siguiendo los mejores métodos de escritura, monetización y tráfico para ganar dinero como blogger hoy!" escrito por "Thiago Rivera"

Técnicas avanzadas de blogs para crear ingresos pasivos en línea es una colección de los dos libros "El libro de jugadas avanzado del blog", & "Aprenda a Diseñar un Sitio Web para Su Negocio, Usando WordPress para Principiantes".

¡Espero que lo disfruten!

El libro de jugadas avanzado del blog

¡Siga la mejor guía para principiantes para obtener ingresos pasivos con blogs hoy! ¡Aprenda estrategias de escritura secreta, marketing e investigación para obtener éxito como blogger!

Por Thiago Rivera

© Copyright 2019 – Todos los derechos reservados

Ninguna parte de este libro puede reproducirse de ninguna forma sin el permiso por escrito del autor. Los lectores que hagan reseñas pueden citar breves pasajes en sus publicaciones.

Descargo de responsabilidad

Ninguna parte de esta publicación puede ser reproducida o transmitida de ninguna forma o por ningún medio, mecánico o electrónico, incluyendo fotocopias o grabaciones, o por cualquier sistema de almacenamiento o recuperación de información, o transmitida por correo electrónico sin permiso por escrito del editor.

Si bien se han hecho todos los intentos para verificar la información provista en esta publicación, ni el autor ni el editor asumen ninguna responsabilidad por errores, omisiones o interpretaciones contrarias del tema en este documento.

Este libro es solo para fines de entretenimiento. Las opiniones expresadas son solo del autor y no deben tomarse como instrucciones expertas. El lector es responsable de sus propias acciones.

El cumplimiento de todas las leyes y reglamentaciones aplicables, incluidas las licencias profesionales, las prácticas comerciales, la publicidad y todos los demás aspectos de hacer negocios en los EE. UU., Canadá o cualquier otra jurisdicción que rige a nivel internacional, federal, estatal y local es responsabilidad exclusiva del comprador o lector.

Ni el autor ni el editor asumen responsabilidad alguna por parte del comprador o lector de estos materiales.

Cualquier desacuerdo percibido de cualquier individuo u organización es puramente involuntario.

Introducción

Felicitaciones por descargar El libro de jugadas avanzadas del blogging y gracias por hacerlo.

Existen varios libros sobre el tema de los blogs, el marketing y los ingresos pasivos, pero este libro combina todo con el conocimiento interno de la industria de los blogs. Como principiante en el campo, podrá comenzar de inmediato con esta guía fácil de seguir.

Los siguientes capítulos discutirán:

- Consejos, trucos y secretos para ganar seguidores con tu blog.
- Las estadísticas que rodean los blogs y por qué el mejor momento para ingresar al juego es ahora.
- Cómo comenzar a bloguear desde el primer día.
- Qué es un gran contenido, cómo crearlo y qué quieren los lectores.
- Qué es un nicho y cómo encontrar el tuyo.
- Cómo establecerte en tu nicho como experto.
- Qué es el marketing por correo electrónico y cómo usar legalmente esta herramienta.
- La legalidad de los blogs, lo que necesita saber para evitar dolores de cabeza legales en el futuro

El objetivo de este libro es ayudarlo a comenzar a obtener increíbles ingresos pasivos de los blogs, conocer los entresijos del comercio y permitirle comenzar rápidamente.

Al final, te damos un plan de juego paso a paso que te permitirá comenzar con el pie derecho y ponerte en marcha mientras evitas las principales dificultades que otros experimentan.

Hay muchos libros sobre este tema en el mercado, ¡gracias de nuevo por elegir este! Se hizo todo lo posible para garantizar que esté lleno de tanta información útil como sea posible, ¡por favor disfrute!

Capítulo 1: Los bloggers necesitan este libro, pero ¿por qué?

El viaje comienza ahora, con este libro. La mejor guía para bloguear, mercadear e ingresos pasivos está en tus manos, ¡y te mueres por comenzar! Bueno, ¡vamos!

Bloguear es mi pasión. Comercializar y ayudar a otros son otras dos pasiones mías. Este libro combina todo eso y más en una guía integral para el éxito de los blogs. ¿Qué hace que este libro sea diferente a otros?

Ventajas de este libro

En primer lugar, otros libros no le darán un conocimiento profundo y consejos sobre la industria. Te dirán lo que piensan que debes hacer, según la investigación, y te dirán lo que no debes hacer, según la investigación. Aunque no es este libro de jugadas. Este libro le dará información real y le mostrará los pasos para el éxito.

En segundo lugar, otros libros están orientados a diferentes partes del proceso. Este libro está dirigido a cada paso y profundiza para ayudarlo a descubrir exactamente dónde debe estar en la industria de los blogs.

Por último, la guía incluye todo. Podrá leer la guía y luego, al final, tomar el plan del juego y comenzar su blog. Use el conocimiento que lo llevará a un nivel completamente nuevo con respecto a sus ingresos y aprenda de los errores de los demás para capitalizar las oportunidades de aprendizaje.

La industria de los blogs está de moda, y lo ha estado durante más de 15 años. Todos, hasta su abuela tienen un blog, e incluso las compañías se están sumando. Piensa en lo que haces en internet. ¿Eres un *gamer*? ¿Qué tal un chef aficionado? ¿Un súper detective en busca del próximo gran caso? Ahora pregúntese, ¿de dónde obtiene su información? Lo más probable es que hayas respondido blogueando. Si lo hizo, está allí con la mayoría de las personas. Los blogs representan la información mejor y más confiable que existe; las personas confían en los blogs.

Veamos algunas estadísticas. En serio, si estas estadísticas no solidifican tu deseo de bloguear, ¡entonces no sé qué lo hará!

En este momento, el marketing B2B (empresa a empresa) reina supremamente, ¡y sigue subiendo! ¡El espacio para usted en este mercado es irreal, por lo que podría aprovecharlo! Como empresa que utiliza contenido rico en SEO, es probable que reciba más clientes potenciales con un blog que sin él. Hablaremos de SEO más adelante, pero básicamente al optimizar su contenido para ocupar el primer lugar en Google, está atrayendo orgánicamente a las personas a su contenido, y eso los hace más propensos a convertirse en clientes.

¿Qué pasa si no tengo un negocio? Bueno, amigo mío, un blog es un negocio. Cuando comience el suyo, verá el valor que le está dando a las personas: enriquecer sus vidas al compartir sus conocimientos con ellos. A partir de ese momento, comprenderá la importancia de capitalizar la información y obtener ganancias.

El ROI (retorno de la inversión) del blog de una empresa es mejor y a más largo plazo que cualquier otro método de marketing tradicional. Piénsalo. Una empresa que no tiene un blog no verá sus esfuerzos de ROI tan exitosos como una empresa que está aprovechando el auge de los blogs. Una cosa importante para recordar aquí es esto: aún puede bloguear incluso si no está recibiendo las facturas del blog. Los redactores, cobran todos los días por escribir blogs para compañías, las cuales pagan en serio por estas redacciones.

Los vlogs también comienzan a surgir cada vez más en los últimos años. Los exitosos son los que también integran una plataforma u opción de blog tradicional. El vlog y el blog trabajan juntos para brindar contenido e información estelar al cliente, enriqueciendo así sus vidas. Los estudios demuestran que la correlación entre los blogs tradicionales y los videoblogs (vlogs) se equilibran entre sí.

El marketing B2B es una forma fantástica de ganar dinero blogueando. Como se mencionó anteriormente, no necesita tener su propio blog, sino que simplemente puede elegir bloguear para una empresa. Al comunicarse con otras compañías, puede mostrar muestras de su trabajo, hacerles saber lo que puede hacer para ayudar en sus esfuerzos de marketing entrante y, con suerte, trabajar para ellos de forma independiente.

Hechos y estadísticas

Veamos algunas estadísticas de blogs individuales. La realidad es que el marketing B2B está de moda y el marketing B2C todavía está en el juego, pero no es tan frecuente. Aun así, estos son los números.

Al bloguear en tu propio blog o sitio web:

- El uso de una imagen en su publicación le proporcionará hasta un 94% más de vistas que las publicaciones sin imágenes.
- 94% de los consumidores comparten contenido que consideran útil e informativo.
- Cuando blogueas diariamente, obtienes 5 veces más tráfico que si blogueas menos que eso.
- El contenido más efectivo son los artículos instructivos, las listas, los estudios de casos y los libros blancos; hacen que el escritor sea más creíble.
- El contenido escrito es más importante que cualquier otro tipo de acuerdo con el 58% de los vendedores.
- El material mejor calificado son los libros blancos y los estudios de casos. Piensa en el estándar de escritura platino.
- Hay 7 millones de personas blogueando en sitios web convencionales, y 12 millones de microblogging blogueando a través de redes sociales.
- Para tener éxito, debes estar entre el 5 y el 10% de tu nicho.
- El 81% de los consumidores estadounidenses dice que los blogs son a donde van para obtener su información.
- Tener 21-54 publicaciones en el blog aumentará el tráfico de su página web hasta en un 30%
- El contenido del pilar aumenta su tráfico orgánico en un 38%. Una publicación de pilar puede crear

hasta 6 publicaciones más. Estas son las publicaciones que debes considerar convertir en otros productos.

- El contenido de marca es más efectivo que los anuncios de revistas según el 72% de los vendedores.
- Es probable que el 68% de los consumidores se tome el tiempo de leer el contenido creado por una empresa que les interesa.
- Los blogs son la quinta fuente de información más confiable en Internet.
- Las acciones sociales de Facebook, LinkedIn y Twitter hacen que un blog se vea más creíble.
- Agregar un blog a un sitio existente tiene el potencial de aumentar el tráfico más del 400%.
- Hay alrededor de 5 millones de blogs creados cada día.
- El 77% de los usuarios de Internet leen blogs de manera constante.
- La longitud promedio de un texto es de entre 1000 y 1500 palabras, y la publicación demora alrededor de 3 horas y media en escribirse.
- Las lecturas que están alrededor de los 7 minutos reciben la mayor atención.
- El 55% de los profesionales de marketing consideran la creación de contenido del blog como la mejor estrategia de marketing entrante que existe.
- El 57% de los especialistas en marketing planean aumentar los blogs de su empresa.

- El 70% de los clientes prefieren recibir promociones a través de artículos que a través de anuncios.

Cambios en la industria

La industria de los blogs ha cambiado, se ha transformado y surgió lo que es hoy en los últimos 30 años. Parece una locura que los blogs hayan existido por más tiempo que Internet, pero es cierto. Estos blogs solo tenían diferentes formas.

- Entre mediados y finales de los 80, se usaron uniones. La idea era resumir el contenido que se unía y hacerlo más organizado y disponible para comunidades específicas. El objetivo era la organización, y los blogs todavía lo están haciendo hoy.

- A mediados de los 90 se publicaron revistas en línea. Era una forma de avenida informativa más centrada en el interior. Los paneles de mensajes tradicionales se eliminaron lentamente, y las secciones de comentarios surgieron en su lugar. Lo ideal era unir a las personas a través de ideas y contenidos comunes.

- Los años 2000 trajeron el blog al campo del periodismo. Al soplar y declararse, los bloggers ingresaron al juego. Estaban analizando e interpretando las noticias. Los bloggers ofrecieron sus propias opiniones, y estas opiniones importaron mucho. Mirando hacia atrás, este es el comienzo de la inmensa credibilidad que los bloggers alcanzarían en el futuro.

- A mediados de la década de 2000, los blogs unificaban diferentes etapas de la vida: blogs de mamá, política, deportes, blogs de chismes de entretenimiento y más se convirtieron en los tipos populares. Esto es cuando quedó claro que ganar dinero era el camino a seguir cuando tenías un blog.
- El microblogging se está convirtiendo en una gran tendencia rápidamente. Cosas como Twitter, Facebook y Tumblr permiten que el público se convierta en parte de la fuerza que contribuye a los blogs. Ya no son fanáticos, sino que son parte del proceso. Los blogs tradicionales todavía tienen su lugar, pero debido a la industria en constante cambio, se está convirtiendo en un desafío. Sin embargo, ¡no es imposible!

Hacer dinero

Ganar dinero blogueando es una opción legítima. Ya no necesita confiar únicamente en el marketing de afiliación para ganar dinero. Las tendencias de marketing están cambiando y, junto con ellas, las opciones para ganar dinero. Más adelante en el libro, discutiremos las opciones en detalle, pero por ahora, veamos los aspectos más destacados.

Las formas de ganar dinero con los blogs incluyen:

Escritura de blogs B2B para empresas que necesitan blogs para llegar a su clientela.

Ofrecer servicios de coaching a clientes y clientes motivados por la información que está ofreciendo.

Conviértete en un blogger independiente y hazte rogar creando y curando materiales de calidad una y otra vez.

Crea y vende cursos en línea. Hacer esto puede proporcionarse ingresos pasivos que ocurren mientras duerme.

Redacción de libros electrónicos. ¿Recuerdas cuando hablamos de las publicaciones de los pilares anteriores? En un capítulo posterior, discutiremos cómo tomar esos pilares y convertirlos en libros electrónicos.

Lanzar una cumbre virtual. ¡La mejor idea de todas! Una cumbre virtual es cuando diferentes expertos se unen y acuerdan ser entrevistados. Durante un tiempo limitado, estas entrevistas son gratuitas, pero puede ofrecer el pase exclusivo que brinda acceso ilimitado a los espectadores por una tarifa.

Legalidades de los blogs

Como con todo, hay legalidades que vienen con los blogs. Dependiendo de dónde viva, hay leyes que lo protegerán de los juicios.

Tres páginas leyes que debe cumplir cuando escribe en un blog son: página de términos y condiciones, página de renuncias y divulgaciones para blogs y páginas de política de privacidad. Por ahora, dado que esto se profundizará más adelante en el libro, sepa que antes de publicar su blog, necesita tenerlos. No son opcionales y desea tenerlos para protegerse.

Las páginas legales son necesarias por una variedad de razones:

- Prevenir demandas.
- Cumplir con la ley.

- Proteger sus derechos de propiedad intelectual.
- Negar responsabilidad personal.
- Discuta las reglas del sitio web.
- Dar divulgaciones obligatorias.

¿Qué otras leyes necesitas saber? Hay algunos, así que comencemos a discutirlos.

Impuestos federales

Al igual que con otros ingresos, si ganas dinero con los blogs, debes informar los ingresos y pagar impuestos. Si no lo hace, está violando la ley y hay consecuencias cuando eso sucede.

Ley en relación a los comentarios en el blog

Usted es dueño del blog, por lo que asume que es dueño de los comentarios que aparecen. Sin embargo, la realidad es que no es el propietario de los comentarios porque pertenecen a una categoría llamada "contenido generado por el usuario". Sin embargo, existe una laguna para esto. A través de una cláusula en sus términos y acuerdo de servicios, puede omitir la parte de la ley de contenido generado por el usuario. Hacer obligatorio que las personas acepten los términos de los servicios antes de que puedan publicar comentarios significa que le permiten tener control o no publican. Es tan simple como eso.

La ley de derechos de autor en relación con las obras creadas

Cuando piensa en derechos de autor, ¿piensa en este símbolo: ©? Si lo haces, no estás solo. Sin embargo, la forma en que el mercado y el mundo están cambiando, tan pronto como crea algo, se considera con derechos de autor. Luego, debe caminar con cuidado cuando realiza investigaciones y recopila información en línea. El plagio es algo real, y puede enfrentar serias sanciones legales.

La Sec 17 U.S.C. 107 de la Ley de derechos de autor de EE. UU

Esto es con lo que está tratando cuando cita a otra persona en su contenido de blogs. Para el uso de materiales con el propósito de:

- Estudios
- Investigación
- Reporte de noticias
- Hacer una crítica o comentario

Al hacer esto, las formas en las que confía en el contenido se incluyen en la sección de uso justo de la ley. Esto permite el uso del contenido para promover un comentario sobre un tema. También significa que puede usar el contenido existente para crear contenido nuevo. Nuevamente, observe la copia directa porque no está bien.

Un tribunal analizará cuatro cosas cuando se trate de un uso justo:

- ¿Qué y cómo se usa el contenido?
- Del trabajo original, ¿cuánto se usa?
- ¿Cuál es la naturaleza del trabajo protegido por derechos de autor?
- ¿Cómo afecta al mercado?

Endosos

Los avales están cubiertos por la Ley FTC en la Sección 5 (15 U.S.C.45). Este en particular trata cuando está reseñando productos. Debe tener transparencia y hacer que su lector sepa que está siendo compensado por dar su opinión sobre una determinada empresa o producto. Haga que su audiencia sepa claramente qué partes de su contenido son para publicidad y qué partes de su contenido son comentarios personales. Si ha recibido el producto gratis o lo ha comprado usted mismo, esto no se aplica. Una declaración de divulgación es la mejor y más fácil forma de manejar esto.

Consejos, trucos y secretos comerciales

A medida que finalicemos el uso de este libro, veamos consejos, trucos y secretos comerciales relacionados con la industria.

Establezca metas definidas: este es un negocio y necesita prepararse para el éxito. Establezca claramente lo que quiere lograr y cómo lo hará.

Trate el blog como un negocio: haga un plan de marketing, prepárese para crear una meta y luche por superar a la competencia. Todas estas son cosas que su competencia ya está haciendo, así que comience bien y haga de su blog un negocio.

Evite publicar piezas de paja: nada lo hace parecer más mentiroso poco confiable como una buena pieza de paja pasada de moda. Cuando esté escribiendo y creando contenido, evite la paja. En promedio, sus lectores leerán el material de todos modos, y la mayoría de los miembros de la audiencia quieren poder terminar la publicación en unos minutos. No pierdas la valiosa oportunidad que tienes de llegar a ellos enterrando la información en palabras que no importan.

Use una herramienta de generación de blogs: estas herramientas en línea le permiten ayudar cuando está atascado en lo que debe escribir. Les sucede incluso a los mejores escritores, las diferencias son que los mejores escritores saben cuándo aceptar ayuda.

Investigación de palabras clave: esta es esencial y se tratará en profundidad más adelante en el libro. Investigar un poco le dará una mejor idea de qué palabras clave se clasifican bien, cuáles no y cómo se aplican a su mercado.

Word Count Sweet Spot: al igual que con la investigación de palabras clave, es importante saber cuál es la cantidad correcta de palabras en sus publicaciones. Por lo general, debe tener 1,000 como mínimo. El número ideal está realmente más cerca de 1,500. Cuanto más largo sea el artículo, permite que los rastreadores web que buscan ranking en su sitio validen que su información sea buena.

Publicaciones de captación de atención, instructivos y pilares: utilice los tres tipos de publicaciones para construir su blog en una red de contenido estelar. Al unir estos diferentes tipos de publicaciones, te estás estableciendo como un experto en tu campo.

Insertar pausas: al escribir contenido, asegúrese de insertar pausas, imágenes y citas cada pocos párrafos para darle una pausa al lector. Permite al consumidor también descremar y aprovechar al máximo su tiempo y mantenerlos comprometidos.

Cotizaciones de bloque y formato de fuente: Aproveche al máximo las herramientas disponibles. Esta es una preferencia personal en lugar de una regla dura y rápida. Algunas personas prefieren usar las características en negrita/cursiva/subrayado y una cita en bloque, y otras no.

Las imágenes son necesarias: nunca publique un escrito sin insertar imágenes. Es más probable que su lector interactúe con el contenido que si no tiene imágenes. Sobre el tema de las imágenes, asegúrese de usar imágenes libres de derechos. Debe asegurarse de que está siendo legal con todos y cada uno de los materiales en su blog.

Publicaciones en redes sociales: el uso de una imagen o gráfico único para las redes sociales lo diferencia de la competencia. Nadie quiere mirar un contenido y darse cuenta de que el autor está utilizando las mismas imágenes de archivo que todos los demás.

Llamado a la acción: Al final de la publicación, asegúrese de usar un Llamado a la acción (CTA) que le indique al lector lo que le gustaría hacer a continuación. Esto puede ser simplemente "¡suscríbase a nuestro boletín informativo!"

El título es clave: al elaborar tu título, asegúrate de echarle un buen vistazo. Evalúe honestamente el título para ver si es una pieza de material que leería. Si el título no llama la atención, es probable que las personas no hagan clic en la publicación.

Botones para compartir en redes sociales: como ya sabes, las redes sociales son el rey ahora. Debe facilitar compartir sus publicaciones. Asegúrese de estar vinculando a cada uno de los principales sitios de redes sociales. El valor de su información debe compartirse, así que no omita este paso. Juega con las diferentes formas de compartir publicaciones y tuitear dentro de las publicaciones. Vea cómo funciona mejor para el flujo de su escritura.

La frecuencia y la coherencia son clave: cuando hace las publicaciones de su blog, debe ser coherente. Una o dos veces por semana suele ser una buena cantidad de publicaciones que harán que sus lectores vuelvan por más.

Revise sus publicaciones: esto parece una obviedad, pero se sorprendería de cuántas personas no revisan la ortografía, los hechos y evitan corregir su trabajo antes de presionar enviar. Mi recomendación sería escribir la publicación, dejarla sola durante unas horas y luego corregirla. Te sorprendería con qué frecuencia te darás cuenta de que el flujo está apagado.

Encuentre su tiempo de publicación óptimo: investigue un poco, observe las tendencias en sus análisis y luego determine cuándo debe publicar. Hay mejores momentos, dependiendo de tu nicho, y publicar durante esos momentos te permite no perderte en la confusión. Para empezar, los lunes y jueves por la mañana son los mejores.

Utilice las listas de suscriptores: vamos a hablar más sobre el marketing por correo electrónico, pero una lista de suscriptores permite a las personas optar por su lista con el fin de que se les envíe un correo electrónico anunciando una nueva publicación.

No se preocupe por la cancelación de la suscripción: la cancelación de la suscripción ocurre. No lo tomes como algo personal.

Promocionar: asegúrese de promocionar las publicaciones de su blog. ¿De qué otra manera la gente lo sabrá?

Respuestas de compromiso de los lectores: no seas grosero con tus lectores. Responda a sus comentarios y sugerencias. Desea que se involucren, así que asegúrese de responder y reconocerlos.

Reutilice su contenido: puede renovar el contenido que escribe. Ya sea que los convierta en diferentes publicaciones, libros electrónicos o cursos, tome el material que ya tiene y reutilícelo.

¡Persistencia! No te rindas. Las cosas no serán perfectas de la noche a la mañana. Debe trabajar el blog como un negocio, y las empresas no son un éxito de la noche a la mañana, no importa lo que la gente le diga.

Use sitios de marcadores de nicho: visite los diferentes sitios: Growthhackers, Inbound.org, Triberr, noticias de Hacker y BizSugar son algunos. Otros lugares para enviar son sitios de marcadores como StumbleUpon, Delicia.us, Dig y Reddit. Esta es una estrategia efectiva para presentar su trabajo frente a personas que lo apreciarán.

Los calendarios editoriales son su amigo: tómese el tiempo para organizarse. Desarrolle un calendario editorial en un programa de hoja de cálculo como Excel o Google Sheets. Ponga líneas de artículos allí como:

Fecha de publicación

- Autor
- Palabra clave
- Tema/Ideas de contenido
- Titular/Título
- Enlace al documento de trabajo
- Enlace a la publicación publicada
- Columnas de promoción: redes sociales, redes, explosiones de correo electrónico y divulgación)

Esto te ayuda a mantenerte organizado, pero también es invaluable cuando vas a reutilizar tu contenido.

Enumere ideas de contenido seguro: sepa dónde está comenzando. Si puede identificar las áreas en las que está seguro al escribir, está por delante del juego. Use esta lista si algún día termina con el bloqueo del escritor.

Conozca a su público objetivo: ¿Qué necesita su audiencia? ¿Quiénes son? ¿Dónde los encontrarás y los alcanzarás? Conozca sus puntos débiles, problemas y responda las preguntas comunes en su industria.

Blog de un sitio actual: si ya tiene un sitio web, coloque su blog directamente en eso. Las empresas B2B y B2C ya están haciendo esto. No hay razón para separarse, a menos que vaya en una dirección diferente.

Invierta en la experiencia del usuario (UX) y el diseño gráfico: la calidad de su sitio es tan buena como la inversión que realiza. Contrata a alguien, preferiblemente un profesional independiente, para que te ayude con la experiencia de usuario y el diseño de tu blog.

Google Analytics: a medida que crezca y se desarrolle, estará agradecido si ha estado utilizando Google Analytics todo el tiempo. Mire las tendencias para los visitantes, las referencias, la tasa de rebote, las páginas de salida, las tasas de conversión y sus principales páginas de destino. Use la información como una forma de cambiar y adaptarse a las necesidades de su audiencia.

Conclusión

Con los cambios que se están realizando en la industria de los blogs, hay espacio para el crecimiento. Los consumidores afirman que confían en este sector del mercado para recopilar información antes de tomar decisiones. ¿Por qué no intervenir y tomar tu lugar?

Si ha estado buscando en los blogs durante algún tiempo, es posible que haya visto la palabra "nicho" bastante difundida. En este capítulo, discutiremos qué es un nicho, cómo elegir uno y por qué es importante.

¿Qué es un nicho?

Un nicho es el área específica de su experiencia. Una vez que limite el área en la que desea especializarse, puede comenzar a seleccionar contenido que satisfaga las necesidades, deseos y deseos de su público objetivo.

Encontrar su público objetivo es crucial para un blog exitoso porque sin él, básicamente está desperdiciando su tiempo creando contenido que no necesariamente se pondrá delante de las personas que desea alcanzar.

Al concentrarse, hágase tres preguntas antes de establecerse en un área:

- ¿Me encantaría escribir sobre este tema después de un año y numerosas publicaciones después? Si la respuesta es sí, ¡genial! Luego pase a la siguiente pregunta. ¿No? Entonces comienza de nuevo. Si no te apasiona el tema, tu chispa se extinguirá rápidamente, desperdiciando tiempo valioso.

- ¿Otras personas van a querer leer sobre este tema? Al hacer una investigación básica de palabras clave, podrá determinar si hay suficiente mercado o si su área es demasiado específica. Ampliar y estrechar según sea necesario, y podrá encontrar un buen equilibrio. Utilizando las tendencias de Google, puede ver si realmente hay personas que buscan su nicho / tema y también puede determinar si hay un interés creciente o decreciente en el tema de elección.

- ¿Puedo ganar dinero? Si te quedas con este nicho, ¿qué tan probable es que puedas ganar dinero con él? ¿Hay otras personas que estén tan interesadas o incluso más interesadas que tú? Mire otros blogs en su nicho y observe si están haciendo dinero y cómo están. ¿Tienen anuncios publicitarios u otros anuncios que se muestran en su sitio? ¿Escriben sobre ciertos productos que tienen enlaces que un lector puede seguir? ¿Están vendiendo sus propios productos informativos? Todas estas son formas en que otras personas están ganando dinero con los blogs.

¿Te sientes atrapado?

¿Estás atascado en donde deberías hacerte un nicho? Considere algunas áreas para la exploración:

Su entorno: revise a su alrededor, en sus espacios de vida, y vea si algo enciende una llama. Si estás rodeado de cosas que te encantan, entonces deberías poder encontrar algo sobre lo que escribir y crear un espacio para ti en ese nicho.

Vida diaria: ¿Cuáles son algunas cosas que haces todos los días? En nuestra vida diaria, la realidad es que probablemente podríamos dedicarnos a más temas de los que pensamos.

Materiales de lectura: ¿Quiénes son los bloggers que lees regularmente o qué tipo de contenido estás consumiendo? Al mirar esto, estás tomando algo que te apasiona, consumiendo el material y ayudando a la industria a crecer para otra persona, pero ¿por qué no hacer esto por ti mismo?

Revistas: revise algunas revistas y podrá encontrar tendencias sobre los tipos de artículos que se están escribiendo. Por lo general, hay tendencias temáticas que las revistas repiten regularmente. Vea si puede encontrarlos, y considere hacer un nicho en una de esas áreas.

Sitios de compras: Eche un vistazo a los principales sitios de compras y vea las tendencias. ¿Hay áreas de pasatiempos que están recibiendo atención? ¿Cuáles son los productos populares que se venden? Si se da cuenta de eso, entonces puede moverse desde allí y determinar si valdría la pena investigar y escribir sobre el nicho para esos artículos. Los ejemplos incluyen: blogs de mamá y blogs para padres, deportistas y blogs al aire libre, o blogs automotrices. Incluso algo como Magic the Gathering y Dungeons and Dragons sería una posibilidad.

Otra forma de determinar dónde ubicarse es mediante una lluvia de ideas a la antigua. Comience a hacer listas de las áreas que le interesan y vea cualquier cosa que salte a la vista. Enumere personalmente lo que le apasiona, pero también considere cuán apasionados son los demás. Cada tema, pregúntese si puede ganar dinero con él. En algún lugar de la pila está tu nicho perfecto, solo debes esforzarte para encontrar dónde perteneces en las redes.

Escogiendo un Nicho

Antes de instalarse, asegúrese de hacer su investigación de mercado. No querrás sentirte cómodo en un nicho solo para descubrir que el mercado ya está sobresaturado y debes abrirte paso entre las masas. Elija un nicho más pequeño y viable que disfrute y del que pueda beneficiarse.

El micro-nicho también es una opción, y los bloggers están acudiendo a esta tendencia. Un micro nicho es solo una sección más pequeña de un mercado mucho más grande. Aquí sería donde eres ultra específico en tu nicho.

Aquí hay una lista de nichos populares en los que las personas prosperan:

- Fitness y pérdida de peso.

- Salud

- Citas y relaciones

- Mascotas

- Superación personal

- Riqueza por inversión

- Ganar dinero en internet

- Tratamientos de belleza

- Gadgets y tecnología

- Finanzas personales

Dentro de cada nicho hay micro nichos más pequeños. Las posibilidades son casi infinitas sobre dónde encajas en el mundo de los blogs. Sin embargo, tenga cuidado porque si aún no existe un mercado, las posibilidades de que alguien más lo haya intentado y haya fallado allí son mayores. El espacio para algo nuevo sigue siendo una opción, pero la probabilidad de que una idea aún no se haya probado es escasa.

Conclusión

El nicho es importante porque aquí es donde vas a establecer que eres el experto. Asegúrese de que le apasiona el nicho, pero también sepa que puede diversificarse después de haberse establecido. Muchas personas cambiarán de nichos, se sumarán a su nicho actual o abandonarán toda la industria en el transcurso de sus vidas. A veces, encuentras el éxito en otro lado, y no hay nada malo en eso.

Quieres tener éxito, ¿verdad? ¡Por supuesto! Si no lo hiciera, ¡no habría descargado este libro para obtener información sobre un mercado que está incendiando el mundo!

Antes de comenzar, debe asegurarse de saber dónde comenzar y cómo comenzar con éxito. Debe mirar las plataformas que puede usar, los servicios de alojamiento y las diferencias entre todos.

Plataformas

Antes de comenzar a bloguear, tienes trabajo que hacer. No solo necesita encontrar su nicho, su público objetivo y su voz, sino que también necesita encontrar la plataforma que utilizará para hacer realidad su blog.

Una plataforma es donde construirá su sitio web; en otras palabras, es el software y el servicio que usarás para crear tu blog. Tienes opciones y no tengas miedo de pensar fuera del cuadro proverbial. Lo importante es asegurarse de que sea el adecuado para usted y lo que pretende lograr con el blog.

¿Qué debes buscar en una plataforma? Con las opciones variadas, es importante compararlas, ver los pros y los contras y encontrar la opción adecuada.

Configuración fácil: si recién está comenzando, necesita una plataforma que sea fácil de configurar y fácil de navegar detrás de escena. Siempre es posible contratar a alguien para configurar su blog, pero con toda honestidad, incluso los menos expertos en tecnología entre nosotros pueden encontrar una opción simple de arrastrar y soltar para hacer el blog de sus sueños.

Visión presente y futura: al mirar las plataformas disponibles, asegúrese de tener en cuenta más de lo que espera lograr de inmediato y en el futuro cercano. Aquí es donde un plan de negocios es una gran idea. Establezca los objetivos para usted y su blog, y asegúrese de tener las opciones para adaptar el blog en el futuro.

Flexibilidad: en una plataforma, la flexibilidad es importante. Las actualizaciones, las opciones para cambiar de opinión y más deben estar en su lugar para cualquier plataforma que elija. Tener la opción de cambiar el diseño y el tema más adelante es importante, y al hacerlo le permite mantener las cosas frescas y nuevas.

Opción para ganar dinero más tarde: su objetivo, si está leyendo este libro, es ganar dinero con los blogs. Cuando esté configurando su blog por primera vez, es posible que no esté pensando en hacerlo de inmediato, pero asegúrese de tener la opción más adelante. Ya sea en forma de actualización o ya incluido en el paquete, investigue y sepa qué plataformas le dan la opción de ganar dinero.

Ahora que hemos analizado lo que necesita buscar en una plataforma, comparemos las plataformas. Al final del libro, encontrará un cuadro comparativo de lado a lado de las diferentes plataformas y los beneficios, inconvenientes y precios.

WordPress.org

Este es, con mucho, el servicio de alojamiento de blogs más popular. Tiene la opción de auto hospedarse, lo que significa que su dirección web no contendrá un "@

wordpress.com" o un "@ wordpress.org" dentro del nombre de dominio. Esencialmente, es como tener una dirección libre de tus padres.

Pros

Al mirar WordPress.org, los profesionales son atractivos. Este software le da control sobre cada aspecto de su sitio web. Puede crecer y agregar características al sitio a medida que crece su blog. Las opciones de crecimiento incluyen: foros, tiendas en línea y membresías pagas. Todas estas son formas atractivas de agregar oportunidades de hacer dinero a su blog.

Los temas incluidos con Wordpress.org son extensos. Esto le brinda la oportunidad de personalizar y diferenciarse de la competencia, sin tener que pagar por un tema.

Los complementos son formas de agregar funciones a tu blog. Algunos incluyen agregar formularios, ayuda de SEO y más. Hay más de 54,000 complementos con Wordpress.org, y con estos, las opciones realmente son infinitas.

Contras

Como con cualquier cosa en la vida, hay inconvenientes que vienen con WordPress.org. Algunos tienen problemas para aprender los entresijos del software. (¡Sin embargo, hay toneladas de tutoriales disponibles!) Otro inconveniente es que necesita administrar su propia seguridad y copias de seguridad. Esos pueden ser tediosos y a menudo pasados por alto.

Precio

El software para el programa es gratuito, pero debe pagar su nombre de dominio, pero esa es una tarifa relativamente pequeña, dependiendo de dónde compre. La mayoría de las personas que usan WordPress.org también usan Bluehost, y Bluehost ofrece un descuento generalmente con WordPress y un nombre de dominio gratuito cuando se aloja con ellos.

Creador de sitios web de contacto constante

Este le permite crear un sitio web que puede ser un blog gratuito, un sitio comercial o una tienda en línea, y es literalmente una configuración rápida.

Pros

Las ventajas de Constant Contact son casi tan atractivas como con WordPress.org. Funciones fáciles de usar para soltar y arrastrar que no requieren habilidades técnicas. Configuración rápida y fácil que el host hace por usted. El plan gratuito con Constant Contact es bastante generoso. Le permite probar su sitio web antes de comprometerse a comprar. Lo bueno de Constant Contact es que también tiene la opción de una tienda en línea. También hay un dominio gratuito y un certificado SSL incluido con los planes pagados. Los planes pagados también son razonables.

Cuando tiene una tienda en línea, el certificado SSL que viene con el plan es algo menos de qué preocuparse. El certificado que viene con el plan es importante porque permite a los usuarios de su sitio saber que su sitio web es seguro.

Contras

Como con cualquier otra cosa, hay inconvenientes que vienen junto con el creador de sitios web de Constant Contact. Cuando usa Constant Contact no tiene acceso a los complementos de terceros. Esto limita lo que su sitio puede hacer. Los complementos de terceros incluirían cualquiera que venga con WordPress. También tiene limitaciones para integrar su sitio web con otras plataformas. Si en el futuro decide que no desea continuar con Constant Contact, podría terminar perdiendo su sitio. Exportar a menudo es difícil con Constant Contact.

Precio

Hablemos de precios para Constant Contact. Ofrecen un plan gratuito extremadamente generoso. Las actualizaciones al plan gratuito comienzan en alrededor de $ 10 por mes por cama. Si es una empresa y no desea usar WordPress, entonces Constant Contact es la mejor opción para usted.

Wix hosting

Esta es una plataforma que le permite construir su sitio web. Las herramientas de caída de Drake nuevamente son extremadamente fáciles de usar para lo bueno de Wix. Es que puedes usar la aplicación de blog y agregarla a un sitio web comercial existente.

Pros

Hay algunos profesionales a considerar con Wix. Puede personalizar el sitio web con aplicaciones y plantillas de terceros. Esto incluiría el uso de WordPress, y le permite utilizar los complementos de temas y aplicaciones asociadas con WordPress. La plataforma en sí es bastante fácil de usar y no es necesario que tenga ninguna experiencia tecnológica. Y la configuración es bastante rápida y fácil.

Contras

Cuando construyes tu blog, Wix no es ideal. Su cuenta gratuita es bastante limitada, y usted está atrapado con su marca y sus anuncios en su sitio. Las aplicaciones gratuitas de terceros que están disponibles también son bastante limitadas. Y cuando elige un tema para su sitio una vez que lo elige, no puede cambiarlo. Cualquier tipo de características de comercio electrónico que requiera vendrá en un plan pago, e incluso esas están bastante atrofiadas.

Precio

En lo que respecta a los precios, Wix es básicamente gratuito, pero luego estás atrapado con un subdominio suyo. Entonces, un ejemplo sería. Friends.wix.com. Es fácil encontrar este tipo de dominios, pero usted no es el propietario y no tiene control de lo que se coloca en el sitio. Una de las preocupaciones que viene a la mente incluye si tiene un blog que admite algo, no puede controlar lo que la plataforma pondría allí para publicidad.

Gator

HostGator es una popular empresa de alojamiento web alojada que también es un creador de sitios web y una plataforma de blogs. HostGator es diferente de Gator porque puedes crear un sitio que no sea de WordPress con cualquiera de los dos.

Pros

Los profesionales con gator incluyen un generador fácil de soltar y arrastrar que le brinda la oportunidad de personalizar su sitio. No es necesario que tenga ninguna habilidad técnica, por lo que sus problemas deben ser mínimos. El rendimiento y la seguridad de las copias de seguridad están a cargo de host gator. Con todos sus planes pagos, obtiene un dominio gratuito y un certificado SSL. Recuerde que el certificado SSL es importante si va a vender productos de servicios, etc. en su sitio. Debido a la certificación SSL y la oportunidad que tiene de personalizar el sitio web, puede agregar fácilmente una tienda en línea. Esta es una opción atractiva si vas a ganar dinero en el futuro con tu blog.

Contras

Las desventajas incluyen que no hay una cuenta gratuita con Gator, pero hay una garantía de devolución de dinero de 45 días. La compañía en sí tiene una muy buena reputación, pero las funciones de comercio electrónico están restringidas solo a los planes mejor pagados. Esto limita lo que puede hacer a cuánto puede pagar. También hay un número limitado de aplicaciones y extensiones disponibles para usted a través de gator.

Precios

En cuanto a los precios, es razonable comenzar un blog. Debido a la frecuencia con la que cambian las estructuras de precios, no discutiremos los precios reales en este momento. Solo sepa que es una de las estructuras de precios más caras en lo que respecta a las plataformas.

WordPress.com

Anteriormente discutimos WordPress.org. WordPress.com fue creado por las mismas personas que WordPress.org. Sin embargo, WordPress.com es solo un servicio de alojamiento de blogs. Es una gran opción para cualquiera que no quiera las funciones avanzadas disponibles a través de WordPress.org

Pros

Con WordPress.com hay algunos profesionales. No se requiere configuración con WordPress.com. El sitio en sí es fácil de usar y administrar. Y al igual que con las otras opciones gratuitas, puede iniciar un blog de forma gratuita, pero tendrá el dominio de WordPress.com adjunto.

Contras

En cuanto a los inconvenientes de WordPress.com, sus opciones son limitadas cuando considera extender sus sitios. No puede usar los temas y complementos con la opción gratuita en WordPress.com. Tampoco puede publicar anuncios en su blog, lo que limita sus opciones a la hora de ganar dinero con su blog. Con el subdominio, WordPress.com puede mostrarle sus anuncios en su sitio. Y con el subdominio no posee su propio sitio de blog. Esto significa que le queda a WordPress.com poder suspender su sitio si no le gusta lo que está escribiendo, siente que violó sus términos y condiciones, o cualquier otra razón que considere conveniente.

Precios

Hay diferentes escalas de precios. Puede actualizar desde la versión gratuita, pero al igual que con las otras opciones que hemos mencionado, no tiene tanta flexibilidad como lo haría con una de las dos primeras opciones que discutimos.

Blogger Servicio gratuito de blogs de Google

Este es un servicio único que ofrece Google. Lo ejecuta completamente Google y eso puede ser algo bueno o malo.

Pros

El sitio es de uso gratuito y su blog sería fácil de usar y mantener. Como beneficio adicional, tiene la confiabilidad y seguridad que viene junto con Google.

Contras

Algunos inconvenientes incluyen que no puede agregar nuevas funciones a medida que su blog crece. Las herramientas disponibles para usted son bastante limitadas, y las opciones de diseño también lo son. No hay actualizaciones frecuentes y las nuevas características son pocas y distantes. Al igual que con la palabra press.com, Google posee la plataforma gratuita blogger, y esto significa que pueden suspender su blog en cualquier momento. Una preocupación aún mayor es que también pueden suspender el servicio de blogger en cualquier momento.

Precio

En cuanto a los precios, hay opciones gratuitas. Y recuerde que con las opciones gratuitas también debe tener en cuenta que tendrá un subdominio. Si desea un dominio personalizado, debe comprar uno de un registro de dominio de terceros. Esto sería algo así como Bluehost.

Microblogging micro blogging

Las plataformas de redes sociales son una nueva tendencia para el microblogging. Tumbler es una plataforma popular y está ganando popularidad dentro de la comunidad de microblogging. Esta plataforma ofrece las características de las redes sociales y le permite seguir el contenido de otros blogs y volver a bloguear y utilizar las herramientas integradas para compartir.

Pros

Puede iniciar microblog con tumbler de forma gratuita, pero nuevamente tendrá un subdominio. También puede conectar una aduana y un dominio premium y funciona con bastante facilidad. La configuración es fácil y no es complicada de usar. Una buena característica de Tumbler es que también tienes el componente integrado de redes sociales a tu disposición. Esto le permite grabar rápidamente videos, regalos, imágenes y audio.

Contras

Como con cualquier cosa, hay algunos inconvenientes. Con este tipo de blog en Tumblr, estás limitado con el conjunto de características que tienes y no se extienden más allá de eso. No hay características adicionales, no hay temas adicionales, y está atascado con lo que tiene disponible. Usar Tumbler también hace que sea difícil hacer una copia de seguridad o importar tu blog a otras plataformas.

Precio

Cuando se usan tumbler y otras plataformas de redes sociales para microblogging, son de uso y configuración gratuitos. Es necesario que compre su dominio personalizado por separado. Y sus aplicaciones de terceros están disponibles, pero debe comprarlas.

Medium

Medium es una plataforma fácil de usar. Escribes tu pieza y luego presionas publicar. Las características de las redes sociales son limitadas.

Pros

Con Medium, es fácil de usar, le permite llegar a una comunidad en línea existente de personas con intereses similares a su nicho o a usted mismo. Con el medio, también puede centrarse únicamente en la escritura y no tener que preocuparse por la parte de diseño web de su sitio.

Contras

Medium es extremadamente limitado en términos de diseño y si está creando una marca, tendrá dificultades con esta plataforma. Otro inconveniente del medio es que son dueños de su audiencia. Esto significa que, si pierde su blog, pierde todos sus seguidores. Es extremadamente difícil mantener a cualquiera de tus seguidores del medio una vez que te vas porque no puedes usar tu propio dominio. Y en la misma línea que sin su propio dominio, no puede ejecutar sus propios anuncios. Esto significa que obviamente no puede usar su blog para ganar dinero mientras utiliza la plataforma mediana.

Precio

En el lado positivo, el precio es gratuito.

Squarespace.com

Squarespace es una plataforma que se centra en las pequeñas empresas. Se adaptan a las pequeñas empresas al ser simples y fáciles de usar sin necesidad de ser demasiado expertos en tecnología. Las plantillas están diseñadas profesionalmente y hay muchas que son gratuitas. Puede comprar un dominio separado que viene con la certificación SSL que se requiere para las tiendas de comercio electrónico.

Pros

Algo bueno con el precio de Squarespace, puede configurar sus pagos mensualmente o anualmente. No muchas de las otras plataformas tienen esta opción. Hay planes de negocios que están disponibles ya sea mensualmente o anualmente. Y también puede hacer sus tiendas en línea mensualmente o anualmente, que también es otra buena característica de Squarespace.

Contras

Con Squarespace estás limitado a las características que ya están integradas en la plataforma. Hay tantas opciones para widgets, aplicaciones o complementos como las que hay con WordPress. Todavía puede crear un sitio bastante impresionante, pero está limitado a lo que ofrece Squarespace. Otra nota sobre eso, hay bastantes paquetes o consejos y trucos que puedes encontrar si buscas en Internet Squarespace. Muchas otras personas han descubierto cómo obtener los efectos de las aplicaciones y widgets de WordPress, pero sin tener acceso a ellos en la plataforma Squarespace.

Precio

Muchas veces, con las otras plataformas, su única opción es usarlas anualmente cada dos años cada tres años. Si bien eso es bueno, no siempre es factible cuando recién estás comenzando a tener esa gran cantidad de dinero disponible. Incluso con todos esos grandes beneficios con los precios estadísticamente, las personas terminan cambiando a WordPress porque WordPress es más barato. Y para minimizar cualquier gasto que tengan, terminan usando WordPress.

Ghost

Esta es una plataforma de blogs minimalista y las características se centran únicamente en escribir publicaciones de blog. Está disponible como plataforma alojada o puede comprar el software y puede instalarlo usted mismo y puede alojarlo usted mismo. Eso es lo único que realmente hace que esta plataforma sea más única que las otras.

Pros

S Algunas cosas buenas sobre fantasma es que se centra solo en bloguear y escribir. Si no quiere preocuparse por el diseño y no quiere contratar a alguien, esta puede ser una buena opción para usted. Está limpio, está libre de desorden y está muy enfocado en tener una buena interfaz de usuario. La codificación está escrita en JavaScript, por lo que es muy rápida y no se requiere configuración con la versión alojada.

Contras

Lamentablemente, hay inconvenientes como con las otras plataformas. No es una plataforma fácil de usar para personalizar con aplicaciones. Debido a cuánto se simplifica, está limitado dentro de la interfaz de usuario. No hay suficientes temas para que su sitio se destaque de manera diferente a los siguientes tipos. Hay una buena posibilidad de que su sitio se vea como el sitio de otra persona. Si eso es algo que no te importa, entonces quizás este esté bien para ti. Si elige comprar el software e ir por esa ruta, es complicado configurarlo e instalarlo usted mismo. Si sigue esta ruta, sepa que probablemente debería tener algunas habilidades tecnológicas que quizás no necesitaría con las otras.

Precio

No podemos analizar el valor real de algo que debe buscar solo para obtener un número exacto. Pero con una versión autohospedada, necesita un dominio personalizado. De nuevo, ahí es donde vas a ir con Bluehost ligero algo así. Y la versión alojada limitada puede ser extremadamente costosa, especialmente cuando se considera el valor. En mi opinión, sería mejor obtener más valor por su dinero.

Hosting services

Al elegir un servicio de alojamiento, debe tener en cuenta tres cosas:

- El tiempo de carga de velocidad

- El tiempo de actividad y esto debería ser al menos el 99.94% del tiempo

- La atención al cliente debe ser de buena calidad. Si no puede llamarlos y pedirles ayuda, en mi opinión está desperdiciando su dinero. Un buen servicio de atención al cliente podrá responder a sus preguntas con respecto a su plataforma, que generalmente será WordPress, pero puede que no. Los profesionales del servicio sabrán de qué están hablando y también podrán responder sus preguntas técnicas. Si el servicio al cliente no puede cumplir con esas expectativas, e incluso si los otros dos requisitos se cumplen de manera satisfactoria, consideraría no utilizar ese servicio de alojamiento sin la buena atención al cliente.

iPage

El tiempo de actividad de la página del ojo es del 99,98%, lo cual es fantástico. El tiempo de carga es de 831 milisegundos. Y el soporte es de 3/5 estrellas.

Esta es la mejor opción de alojamiento para WordPress si buscas barato.

Desafortunadamente, iPage tiene una mala reputación en línea. También se sabe que tienen un servicio de atención al cliente extremadamente pobre. El servicio de atención al cliente no tiene conocimiento de lo que necesita.

Site5 hosting

El tiempo de actividad del sitio cinco es del 99,98%. El tiempo de carga es de 704 ms. Y el soporte es de 4/5 estrellas.

Una buena cosa sobre el alojamiento del sitio cinco es que es extremadamente flexible.

En el lado negativo, el precio no refleja el valor y, en opinión de muchas personas, no vale la pena un alto costo.

A2 Hosting

El tiempo de actividad con 82 hosting es del 99.91%. El tiempo de carga es de 392 milisegundos. El servicio al cliente tiene 4/5 estrellas.

Las ventajas de este sitio de publicación es que es uno de los servicios de alojamiento de prensa web más rápidos. Sus servidores están optimizados para WordPress.

En el inconveniente, su tiempo de actividad es débil y, en mi opinión, no vale la pena.

Site ground

El tiempo de actividad para el terreno del sitio es un 99.99% estelar. El tiempo de carga es de 714 milisegundos. Y la atención al cliente es un 5/5 estrellas.

Lo bueno del terreno del sitio: buen tiempo de actividad, velocidad estable, un sitio gratuito transferido si decide abandonar, y su certificado SSL gratuito.

Con eso en mente, es uno de los sitios de alojamiento más caros que existen.

HostGator

Si recuerdas, hablamos de gator para plataformas, y este es solo el servicio de alojamiento que puedes usar con tu plataforma. Allí dentro de la misma empresa, pero ofrecen dos servicios diferentes. Con HostGator, el tiempo de actividad es del 99,97%, el tiempo de carga es de 421 milisegundos y el soporte es de 5/5 estrellas.

Lo bueno para el host gator es que hay un buen tiempo de carga, es confiable, para los usuarios de WordPress es una instalación con un clic, y puedes tener una transferencia de sitio gratuita después de que pagaste.

El mayor inconveniente de host gator es que sus tarifas de renovación son más altas que las otras. Por lo tanto, incluso cuando se registre, sus tarifas de alojamiento tendrán un descuento adjunto. Independientemente de eso, después de que su período inicial haya transcurrido, generalmente alrededor de un año, sus tarifas serán más altas por cada año adicional después de eso.

Bluehost

Bluehost es, con mucho, el servicio de alojamiento más popular para sitios web de bloggers, etc. El tiempo de actividad de Bluehost es del 99.99%, el tiempo de carga es de 419 milisegundos. La atención al cliente con Bluehost es fantástica y tiene una calificación de 5/5 estrellas. Bluehost se usa para cualquier persona que utilice la plataforma WordPress.

Algunos aspectos positivos con Bluehost y, sinceramente, hay bastantes, pero aquí hay algunos para comenzar. Bluehost tiene un tiempo de actividad y tiempo de carga extremadamente fuertes. Esto significa que su sitio no va a estar fuera de servicio por mucho mantenimiento. El tiempo de carga significa que sus clientes, sus lectores y sus clientes pueden acceder a su sitio y será rápido. También será fácil de usar.

Bluehost ofrece una transferencia de sitio gratuita en el nombre de dominio gratuito cuando se registra con ellos. Y WordPress.org recomienda Bluehost. Si investiga un poco en línea, encontrará que Bluehost y WordPress van de la mano. Bluehost le dará un descuento excepcional en la construcción de su sitio con WordPress y el alojamiento con ellos. En la última comprobación, ha habido algunas opciones en las que puede alojar su sitio web por menos de $ 3 al mes. Eso es con el descuento, obviamente, pero el punto es mirar a su alrededor y ver si no puede encontrar algún tipo de descuento. Cuanto más lejos elija tener sus ciclos de facturación, mayor oferta o descuento puede esperar.

Uno de los únicos inconvenientes es que no hay una opción para pagar mensualmente.

Dominios

El dominio es cuál será tu nombre. Un ejemplo podría ser www.friendlymama74.com. La amigable mamá 74 es tu nombre de dominio. Debe asegurarse de que le gusta el nombre que está comprando. Si no lo hace, siempre puede cambiarlo, pero podría estar desperdiciando algo de dinero allí. Asegurarse de que le guste el nombre de antemano es una buena idea.

Querías ser memorable y único. Esta es una de las cosas más importantes para recordar al elegir su nombre de dominio. A veces es divertido ser lindo e inteligente con los nombres, pero hacer que sea difícil, como deletrear palabras de forma diferente a la que normalmente se deletrea, puede dificultar que las personas te encuentren. Piense en el dominio y el sitio web como su tarjeta de presentación en línea. Vas a usar esto para ayudar a las personas a identificarse contigo. Además, asegúrese de que sea un nombre profesional y que sea aplicable a lo que está tratando de hacer.

Al ingresar a diferentes servicios de alojamiento o sitios de servicio de dominio, puede verificar si su nombre deseado está disponible. Si no está disponible, no renuncies al nombre por completo, solo modifícalo ligeramente para que puedas hacerlo funcionar, pero también dale un pequeño giro. En la amigable mamá 74, el 74 probablemente se usaría solo para hacer que el nombre sea lo suficientemente único como para que esté disponible.

Puede comprar dominios en HostPapa, HostGator, NameCheap y Bluehost.

¿Cuál es la diferencia entre autohospedaje y hospedado?

Un proveedor de alojamiento web es simplemente un negocio que le proporciona tecnologías y servicios que debe tener para tener un sitio web. La empresa de hosting necesita servidores para almacenar el sitio web y el host alquila espacio en sus computadoras para alojar su sitio. Realmente es tan simple como eso; eso es todo lo que es una empresa de hosting.

Self-Hosted

Cuando hablamos de self-hosting, significa que un desarrollador construye un sitio web utilizando software, pero luego se contrata a una empresa para almacenar el sitio web. No hay un nombre de subdominio como estábamos hablando anteriormente en el capítulo con algunas de las plataformas gratuitas.

Con alojamiento propio, los precios varían. Al igual que con las compañías de plataformas, es una buena idea hacer una comparación de costos. Con el self-hosting, usted realmente tiene el control de su sitio y su blog. Esto significa que la flexibilidad y la personalización están en tus manos.

En el self-hosting hay menos restricciones, y si no está satisfecho con su empresa de alojamiento, simplemente mueva su sitio web a otro sitio. No tendría que quedarse con la empresa de alojamiento si no satisface sus necesidades o sus expectativas para su sitio de blog. Dicho esto, no significa que siempre será gratis transferir su sitio, pero usted, como blog o sitio web self-hosting, tiene la opción de mover su sitio. Eres dueño de todo el sitio. Esto es importante porque no todas las plataformas que se mencionaron anteriormente en el capítulo le permiten hacer esto. No desea poner todo su trabajo duro en su sitio, y luego no estar contento con el servicio de alojamiento y perder sus seguidores y blog. Quedar encerrado de esa manera no te va a beneficiar.

Hosted

A veces puede optar por utilizar una compra todo en uno para los servicios de alojamiento. Lo que queremos decir con esto es que se le proporciona un software para construir su sitio y el almacenamiento de la computadora estará en el sitio de alojamiento una vez que entre en funcionamiento. Esto es algo que ofrece Wix o Squarespace. Con un buy-in todo en uno, está vinculado a su empresa de alojamiento, la empresa se encargará de las actualizaciones de software por usted.

El mayor inconveniente de este tipo es que existen restricciones en su personalización y la funcionalidad del sitio se ve afectada. Con una empresa alojada, debe abandonar su sitio web. No puede llevarlo consigo, no puede transferirlo, y está atascado con un rendimiento inferior o un servicio al cliente deficiente.

Te daré una lista de lo que debes tener para un blog efectivo. Esto también estará disponible en los recursos ubicados al final del libro.

Logotipo: Primero debes tener un logotipo. Los logotipos son importantes porque ayudan a tu cliente a identificar quién eres con solo una imagen. Asegúrese de que su sitio tenga una barra de navegación clara. Esto es importante porque sin él hace que su sitio sea difícil de recorrer.

Una barra de búsqueda visible: esto es importante. Esto permite al usuario simplemente buscar y lo que está buscando. Los vinculará con otros artículos que haya escrito sobre el tema, otros recursos que pueda tener sobre el tema, y también los dirigirá a las otras partes de su sitio web que contienen la palabra o palabras que están buscando.

Fuentes y tipografía: asegúrese de tener la tipografía adecuada para su sitio web. Las líneas simples y limpias con sus fuentes son importantes. Una vez un diseñador me dijo que solo usara fuentes sin todas las líneas adicionales. Guárdelos para otras cosas que pueda estar haciendo con su escritura.

El diseño receptivo es importante. Esto significa simplemente que cuando haces clic en un botón o haces clic en un gráfico si se supone que debe ir a algún lado, irá a algún lado.

Autoría de Google: al hacer esto, estás mostrando quién eres. Te permite destacar entre los otros resultados de búsqueda. La autoría es simplemente una foto tuya.

Marcado de editor de Google. Estos son los detalles relacionados con su negocio. Al tener esto disponible, está informando a las personas cuándo está disponible, cuáles son sus horarios y cómo comunicarse con usted.

Publicaciones relacionadas: asegúrese de vincular sus publicaciones relacionadas. Anteriormente hablamos sobre cómo hacer que la web fuera de su contenido, aquí es donde entra en juego ese concepto. Al hacer esto, se está estableciendo como un experto en su mercado.

Publicaciones más populares: un lugar en su sitio web dedicado exclusivamente a sus publicaciones más populares en forma de lista será un recurso poderoso para usted.

Últimas publicaciones: al igual que con las publicaciones populares, tener una sección que muestre cuáles son sus últimas publicaciones les permite a los lectores saber lo que ha hecho recientemente y evita que el contenido anterior los atasque. Desea echar un vistazo a sus cosas más nuevas, así como a sus cosas más antiguas.

Etiquetas: asegúrese de tomar su contenido con palabras clave que haya utilizado para que las personas puedan encontrar el contenido más fácilmente.

Cuadro de comentarios: el cuadro de comentarios es una herramienta extremadamente valiosa. Debe asegurarse de tener esto disponible para sus lectores. Si no desea que puedan publicar libremente, configure un moderador para asegurarse de que el póster sea apropiado. Moderar la publicación es una buena idea de todos modos para garantizar que no se publique spam y también para asegurarse de que las publicaciones se ajusten a sus términos y condiciones.

Acerca de la página: tener una página acerca de es crucial. Aquí es donde sus lectores aprenderán sobre usted, donde descubrirán cuál es su misión y sabrán qué es lo que lo convierte en la mejor opción para ellos. Dedique un tiempo a perfeccionar esta página porque es uno de sus activos más importantes.

Página de privacidad: la página de privacidad, como discutimos anteriormente, es en realidad una página legalmente requerida que debe tener en su sitio web. Haga que sea fácil de encontrar, póngalo en el pie de página de todas y cada una de las páginas que tenga en su sitio y no intente ocultarlo. Sé sincero y transparente: tus lectores te respetarán aún más.

Información de contacto: su información de contacto debe estar fácilmente disponible. Si alguien necesita ponerse en contacto con usted por cualquier razón, debe asegurarse de que su nombre, dirección y número de teléfono, así como su dirección de correo electrónico, estén disponibles para ellos sin tener que hacer una búsqueda completa de su página en Internet solo para encontrarte. Legalmente, debe tener esta información disponible para el consumidor.

Página de términos y condiciones: esta es otra de esas páginas que legalmente debe tener. Le protege como persona de negocios de demandas, legalidades y problemas legales que puedan surgir. Asegúrese de que la página de términos y condiciones esté activa y disponible antes de comenzar su sitio. Esa debería ser una de las primeras cosas que cuidas.

Botones sociales: compartimos cosas en las redes sociales como una forma de una nueva forma de boca a boca. Poder hacer clic en compartir en Facebook, Pinterest, Twitter o Instagram es bueno para ti y para tus lectores. Les permite decir, comillas, hey. Encontré esta gran información que deberían ver.

Una fuente RSS: Esto permite a sus lectores ver lo que se publicó recientemente y lo que es más popular en su sitio.

Kits de medios y comunicados de prensa: un kit de medios / relaciones públicas es una lista organizada de contactos e información relevante sobre su blog.

Página de servicio o producto: es una página importante, esta página es especialmente crucial si está considerando ganar dinero con su sitio. Si tienes una tienda en línea, ¡fantástico! Si no, asegúrese de tener al menos una página que tenga sus productos y servicios. Es posible que no tenga esto de inmediato, pero en el futuro querrá ofrecer sus propios servicios y productos. El ingreso pasivo es una forma extremadamente fácil de ganar dinero, entonces, ¿por qué no utilizarlo bien?

Formulario de suscripción al boletín informativo: poner esto a disposición de su lector es bueno para la información de marketing. Luego puede comenzar a compilar la información de su suscripción y convertirla en una campaña de marketing por correo electrónico. Discutiremos eso en un capítulo posterior.

Elementos de llamado a la acción: las llamadas a la acción que utilice deben estar dispersas en sus páginas. Pueden ser cualquier cosa desde ordenar ahora, suscribirse a nuestro boletín de noticias o contactarnos con más preguntas. Los CTA parecen atemorizantes, pero son bastante simples. Cubriremos los más en profundidad en el próximo capítulo.

Mapa del sitio: El propósito del mapa del sitio se explica por sí mismo: ayuda a las personas a encontrar su camino en su sitio web.

Google Analytics: la mayoría de las plataformas y servicios de alojamiento que se describen anteriormente le dan acceso a Google Analytics de forma gratuita. Use los datos recopilados con Google Analytics para ver el rendimiento de su sitio y modifique el sitio según sea necesario desde allí.

Herramientas y complementos de SEO: SEO simplemente significa motor de búsqueda optimizado si recuerda de un capítulo anterior. El uso de palabras clave lo ayudará a mostrar su sitio con palabras específicas en Google. Desea obtener una clasificación más alta en Google e intentar estar en la primera página. Y dentro de Word Press, el complemento de Yoast es la mejor opción en cuanto a dominar el SEO. Yoast te dice si tu título es lo suficientemente fuerte. El complemento le permite escribir sus palabras clave y le dirá si la densidad es correcta. La mejor parte, en mi opinión, es que este complemento te ayuda a navegar a través del campo minado de SEO, lo que puede ser complicado.

Conclusión

La plataforma que elijas y la empresa de hosting con la que te alinees realmente pueden hacer o deshacer tu blog. Dicho esto, asegúrese de hacer su investigación, de comparar y contrastar, y de analizar todas sus opciones y compararlas con las necesidades de su sitio web.

Capítulo 4: Escribiendo tu primer post

¡Ahora comienza la diversión! Al escribir sus primeras publicaciones en el blog, hay algunas cosas que debe considerar. Esta lista se incluirá como una lista de verificación al final del libro en los recursos. Mientras tanto, hablemos sobre lo que debe hacer antes de publicar sus publicaciones.

Publicaciones de blogs efectivas

Antes de publicar su publicación, después de haberla escrito, aquí hay algunas cosas a tener en cuenta.

¿Tu título es pegajoso? Tener un título o un título que capte la atención de su lector lo ayuda a atraer lectores. Si, al analizar su título, no es algo en lo que haría clic, considere revisarlo. En su título, asegúrese de que las palabras clave para las que intenta clasificar estén cerca del frente. Estadísticamente, ese es el mejor lugar para ellos. Tómese su tiempo con el título. Será una de las principales razones por las que las personas leerán tu contenido. Se ha investigado mucho sobre los tipos de títulos y titulares que buscan los consumidores, y en realidad puede encontrar listas maestras que tienen plantillas con respecto a los títulos de publicaciones de blog más efectivos. Estos son buenos para usar si te quedas atascado, pero siempre es mejor ser único.

¿Tu publicación es fácil de leer? Con el complemento Yoast en WordPress, puede ejecutar un análisis en la publicación, y el complemento le dirá si su publicación es fácil de leer. Le dirá si hay puntos que no fluyen correctamente y le dirá si está usando palabras que tal vez hacen que sea más difícil de leer. Esta información es invaluable para usted porque le ayuda a ayudar a los lectores.

 No puedo enfatizar esto lo suficiente, si no estás utilizando técnicas de SEO en tus publicaciones de blog, no te estás ayudando a ti mismo ni a tu blog. Una vez que domine el uso eficaz de las palabras clave, verá los resultados en su balance final. Tus análisis van a saltar y van a ser mejores, y verás un mayor número de lectores, una mayor conversión a clientes y verás más ventas. Tómese el tiempo para asegurarse de que sus palabras clave sean buenas palabras clave y úselas en sus publicaciones. Use las herramientas de SEO que están disponibles para usted.

Corregir. Nunca entenderé por qué la gente no revisa antes de publicar. Una recomendación para revisar su publicación sería esta: después de escribir la publicación, déjela reposar durante un par de horas, regrese y revise. Si, después de eso, la publicación se ve bien desde allí, presione publicar. Personalmente, pasar por este proceso un par de veces diferentes ha evitado que este escritor tome decisiones muy importantes y cometa errores ortográficos. Incluso si revisa su publicación cuatro o cinco veces, lo más probable es que encuentre problemas que no había visto la primera vez. Tómese el tiempo y revise su trabajo antes de publicar.

Añadir imágenes SEO. Tal vez no lo sabía, pero puede SEO sus imágenes en sus publicaciones y debe utilizar esta práctica. Cuando un rastreador web de ratas pasa por su sitio, verá todo, incluido el texto adjunto a las imágenes. Cuando usa SEO, puede hacerlo en forma de texto alternativo que solo aparece detrás de escena o puede usar las palabras clave en los subtítulos de sus imágenes.

Termine su publicación con un llamado a la acción y una pregunta. El llamado a la acción está destinado a dirigir a su lector a realizar la acción que desea. Esta es una práctica de ventas y debe usarse como tal. La pregunta sirve para involucrar a su lector. Esto los alentará a dejar comentarios para usted, los alentará a comprometerse con lo que se escribió, y puede usar esto para mejorar su trabajo en el futuro. A veces, con los comentarios, también puede usar ideas que se presentan para profundizar aún más de lo que ya había abordado un tema.

Agregar enlaces a otras publicaciones. Cuando lleguemos al capítulo sobre SEO y técnicas de marketing, discutiremos las últimas semanas. Vincular otro contenido dentro de tu contenido es una buena práctica. Asegúrese de tener enlaces entrantes y enlaces salientes. Un ejemplo de vincular su otro contenido dentro de su contenido sería si está buscando aprender sobre los conceptos básicos de SEO, haga clic aquí. Lo que está haciendo es facilitar que su lector encuentre otra información sobre el tema que está discutiendo, tal vez hicieron clic en un tema o una publicación que es más profunda, y tiene una publicación que es amable de los fundamentos en su lugar. Darles el enlace los mantiene en su página web por más tiempo, se involucra más y muestra que sabe de lo que está hablando.

Use una imagen destacada. Una imagen destacada es importante. Debes asegurarte de que tu imagen destacada sea única, que sea tuya o que esté libre de regalías.

Hazlo descargable. Convertir su contenido en un documento PDF o .docx es un servicio que puede proporcionar al lector. Les permite descargar su material y guardarlo para más adelante. Además, cuando descargan, es más probable que compartan esa información, lo que a su vez envía a más lectores a su manera. No comparta todo su contenido de forma gratuita. Si es descargable, es valioso y proporciona un servicio. También considere cambiarlo a un tipo diferente de contenido, como un libro electrónico o un curso. Esto le permite ganar dinero con él.

Hazlo compartible. Como se mencionó en el capítulo anterior, sepa que su contenido debe poder compartirse en las redes sociales. Las personas se conectan en las redes sociales y comparten en las redes sociales. Esta es la nueva forma de boca a boca, y deberías aprovecharla para tener éxito con tu blog.

Acredita tus fuentes. El mayor error que cometen los escritores de blogs es no acreditar de dónde obtuvieron su información. Cuando acredita sus fuentes, también debe enviar su publicación por correo electrónico a esa persona o compañía. Aliéntelos a compartirlo con su audiencia, y al hacer esto podrá aprovechar la audiencia que tienen. Le dan información valiosa, así que asegúrese de obtener crédito. Le ayuda a construir relaciones dentro de su nicho y también lo mantiene respetable dentro de su propio público. Todo debe estar en alza en todo momento.

Publícalo. Una vez que haya hecho todo eso en su publicación de blog, presione publicar. Lo hiciste y deberías estar orgulloso de ello.

Después de publicar

Hay una lista de verificación para antes de publicar, y también hay una lista de verificación para después de publicar. Puede encontrar esto al final del libro en la sección del capítulo 4 de los recursos. Debería poder imprimir lo que sea que necesite hacer para tenerlo a mano para usar con cada una de sus publicaciones. Muy pronto se convertirá en una segunda naturaleza y no necesitará tenerlo a mano, pero mientras tanto, es bueno tenerlo fácilmente disponible.

Crea un segundo pin. Pinterest está despegando en lo que respecta al sitio de intercambio de redes sociales. Las personas crean pines para sus publicaciones, usan imágenes para compartir sus productos o servicios, y al hacerlo, se abre a una gran variedad de clientes potenciales.

Comparte en redes sociales. No puedo dominar esta casa lo suficiente, las redes sociales serán su recurso más valioso a la hora de llegar a su público objetivo. Antes de comenzar a usar anuncios pagados, debe comenzar simplemente compartiendo su trabajo en las redes sociales. Facebook, Twitter, Instagram y Pinterest son excelentes lugares para compartir sus publicaciones y promocionarlas.

Comparte con grupos y comunidades dentro de tu nicho. Únase a grupos, encuentre comunidades y localice dónde se encuentra su público objetivo. Participe en estas comunidades y comparta sus publicaciones dentro de los lineamientos de la comunidad. Esto lo ayuda a poner sus servicios y contenido a disposición de las personas con las que está tratando de llegar, pero también lo ayuda al permitirle recibir comentarios, o incluso simplemente para intercambiar ideas de las personas que componen su objetivo.

Responde a los comentarios. Nunca ignores los comentarios de tus lectores. Incluso si son groseros, horribles y los dejas pasar por tu moderación, responde a ellos, pero hazlo de manera apropiada y amable. Muestre su verdadero carácter en lugar de permitir que otros dicten cómo se ve su blog.

Ampliar con publicaciones futuras. Aquí debe asegurarse de que se esté utilizando el contenido que está creando. Expande tu contenido, cámbialo por algo más y hazlo aún más valioso para el lector. Un buen ejemplo sería crear una publicación de blog sobre champús para perros. Eso sería un llamado de atención, desglosando los diferentes champús para perros que están disponibles. A partir de ahí, puede ir a otro tipo de contenido donde hablará sobre las mejores prácticas de aseo para sus perros. Al final, cree una guía definitiva en un libro electrónico que será una herramienta valiosa para los dueños de perros. Puede tomar los tres tipos diferentes de publicaciones, y esencialmente reciclarlas expandiéndolas y ajustándolas para hacer algo diferente. Por lo tanto, está sirviendo a su cliente total y completamente.

Veamos los secretos de la redacción publicitaria. La escritura que estás haciendo en tu blog es redacción. La redacción de textos publicitarios simplemente utiliza tácticas y técnicas de venta para vender sus productos.

Fórmula AIDA

A es para llamar la atención: haga una pregunta, cuente una historia o diga algo de una manera inesperada. Con esta parte de esta técnica de ventas en particular, lo primero que quiere hacer para llamar la atención de sus clientes es identificar que sabe cuál es el problema. Un ejemplo sería, "¿estás luchando para perder peso?"

I es por interés: **aquí es donde demuestras que entiendes** la lucha que está teniendo tu audiencia. Con respecto al ejemplo anterior, podría decir algo como: "¿Tiene grasa abdominal de la que no puede deshacerse? ¿Estás luchando para mantener el peso extra?" Al hacer esto, le estás mostrando a la audiencia que te identificas con ellos, estás interesado en cuál es su problema y quieres ayudar a resolverlo.

D es por deseo: **con** este paso, aprovecharás los miedos, las inseguridades y las vulnerabilidades de tu público objetivo. Si nos atenemos al ejemplo de la pérdida de peso, diría algo como "¿eres consciente de cómo se ve tu espalda en tu traje de baño?". Necesitas entender realmente cuál es la lucha y el miedo. Hay una línea muy fina con la redacción de textos publicitarios donde, si la cruzas, perderías clientes porque los estás explotando. Sin embargo, trátelos genuinamente y no tendrá que preocuparse por esto.

A es acción: aquí es donde pones tu CTA. Debe dejarle al lector lo que sabe qué quiere que haga cuando termine este artículo. "¡Compre mi producto!" "¡Ordene mi curso ahora!" Estos son ejemplos de una CTA efectiva para el ejemplo mencionado anteriormente. A veces el CTA no necesita ser ventas él. Simplemente podría ser para obtener más consejos, trucos y secretos para suscribirse al arte son los correos electrónicos.

Archivo reposteable

Un archivo reposteable es básicamente cualquier tipo de título, publicación de blog, suscripción o cualquier otra cosa que llame la atención. No estás buscando plagiar, y no estás buscando robar ideas, pero estás buscando inspiración. Los escritores de blogs, periodistas y profesionales de ventas efectivos mantienen los archivos reposteables disponibles para mantenerse al día sobre las tendencias en el mercado, pero también en caso de que se atasquen en su propio campo. Hay muchas aplicaciones disponibles para recopilar el material del archivo deslizable. Los ejemplos serían: Evernote, Trello, Pinterest, una carpeta de Google Drive, una carpeta de Gmail, o incluso solo una carpeta en su escritorio en su computadora. Nuevamente, consérvelos como inspiración, no los use para robar material de otra persona.

Sigue las cuatro U de redacción publicitaria. Las cuatro U son útiles, únicas, urgentes y ultra específicas.

Útil: ¿es útil lo que está proporcionando a su público objetivo? Pregúntese esto y si la respuesta es sí, bien, pero si la respuesta es no, comience de nuevo.

Único: su material es único. Tómese el tiempo e investigue qué está haciendo la competencia con respecto a un tema que va a cubrir. Desea que su información sea única para destacarse de su competencia.

Urgente: ¿Cuál es la urgencia asociada a su tema? ¿Es algo de lo que la gente quiere ocuparse de inmediato, o es algo con lo que usted mismo se divertiría?

Ultra específico: ¿Su tema se reduce y es súper específico? Asegúrese de que su tema no sea demasiado amplio porque entonces corre el riesgo de no hacer nada efectivo con su texto.

P – A – S Fórmula de redacción

La fórmula PAS significa problema, agitación y resolución.

Primero, necesita **exponer el problema**. Cuando hagas esto, asegúrate de pintar vívidamente una imagen de lo que está pasando tu audiencia. Les debe sentir como si estuvieran aprovechando su cerebro, y están accediendo a los miedos y deseos que tienen para un cambio, una nueva forma de vida o cualquier otra cosa que necesiten o quieran ser diferentes.

Una vez que haya presentado el problema, **debe agitarlo** hasta que le duela. Aquí es donde haces preguntas que muestran la dolorosa realidad del problema que padecen. Necesita saber cuál es el problema que está experimentando su audiencia. A partir de ahí, debe asegurarles que es el único que puede ayudarlos. Haz que sea emocional y que sea doloroso porque así es como haces que quieran tomar medidas.

Dales **<u>una solución</u>**. El último paso es donde entrarás en picado y mejorarás todo para ellos. Su información, sus productos o sus recursos son lo único que ayudará a este consumidor a solucionar su problema.

Blueprint para publicaciones de blog

Hay dos tipos de publicaciones de blog: hay publicaciones de blog entretenidas y publicaciones de blog informativas. A veces, puedes salirte con la tuya, pero generalmente son dos tipos de publicaciones separadas. Al igual que con la lista de verificación anterior que he proporcionado en los capítulos, este plan estará disponible para usted en la sección de recursos del capítulo al final del libro. Empecemos con lo básico.

Comience con una idea: todo comienza con una idea, damas y caballeros. Encuentra tu idea y comienza desde allí.

Use la herramienta de palabras clave para verificar y asegurarse de que su material sea necesario. Google tiene uno bueno y Word Stream también es efectivo. Puede averiguar dónde se clasifican sus palabras clave en cuanto al público objetivo. Siempre verifique la necesidad, de lo contrario podría terminar perdiendo el tiempo.

Necesita crear el proyecto y diseñar las necesidades visuales que tiene. Las imágenes son vitales para las publicaciones de blog. Las imágenes actúan como una ruptura en el material escrito. La mejor manera de describir a los lectores de los blogs es que tienen un período de atención corto y quieren material que sea fácilmente digerible.

Desafortunadamente, Google dice que, para rastrillar, su material debe tener al menos 1500 palabras; Esto puede causar problemas con una audiencia que quiere contenido fácilmente consumible. Al usar las imágenes, está dividiendo el contenido en opciones escalables.

¿Qué ganará su lector clave del tema?

Debe hacer una lista e identificar lo que desea que su lector aprenda. Una vez que tenga esa lista, puede asegurarse de que está cumpliendo con las expectativas que tiene para sí mismo con respecto a lo que desea que su lector elimine de su publicación.

Escribe un titular fantástico. Su título es lo que es bueno para atraer a las personas. Como discutimos anteriormente, tómese el tiempo para elaborar su título, use palabras clave en su título y asegúrese de que llegue y atraiga la atención del consumidor.

Sé fiel a tu voz al explicar un tema. Como pasó tanto tiempo creando material para que otras personas lo lean con publicaciones de blog, es importante asegurarse de mantenerse fiel a la voz que desea que tenga su blog. No sigas el ejemplo de otras personas si eso te lleva a crear contenido que no sea fiel a quien eres. No comprometa su deseo de que su blog se mezcle o se destaque de la competencia. Atrévete a tomar una posición y separarte con una voz que sea fiel a tu núcleo.

Listas numeradas o con viñetas. El uso de listas numeradas y con viñetas lo ayuda a mantener su contenido ordenado, organizado y limpio. También le permite a su lector hojear y no quedarse atrapado en párrafos largos. Los consumidores, como se mencionó, tienen opciones para diferentes contenidos y la lectura promedio debe ser de siete minutos. Quieren contenido más corto o contenido fácilmente legible. Haz tu mejor esfuerzo para cumplir con estas expectativas.

Enlace a otro contenido en su blog. Discutimos esto antes: haga que su otro contenido esté disponible a través de enlaces a través de sus publicaciones.

Lo que se debe hacer en las publicaciones de blog

Su audiencia es lo primero: son sus consumidores y no importa lo que piense que quieren. Importa lo que quiere la investigación de mercado, completada por el público objetivo. Mantente fiel a ti mismo, pero piensa primero en tu audiencia.

Agilizar con viñetas o listas numeradas. Nuevamente, asegúrese de hacer esto. Mantiene las cosas limpias y ordenadas. Hace que las cosas sean más fáciles de identificar, bien, y eso es justo.

Use encabezados para dividir el tema o también para mostrar la progresión dentro de la publicación. Tómese su tiempo con sus titulares. Esto no puede ser lo suficientemente estresado. Son la parte más importante para que su contenido se note. Haz referencia a tu otro contenido. Desea que sus lectores profundicen en su sitio, para que permanezcan en su sitio más tiempo y se den cuenta de que realmente es un experto en su campo.

Cierra la publicación con un comentario o pregunta. Este también es un buen lugar para poner su CTA. Desea promover la discusión, los comentarios y el compromiso. Haga una pregunta para que puedan dejar una respuesta.

Coloque un CTA allí para que puedan registrarse en su lista de correo electrónico.

Lo que no hacer de las publicaciones de blog

Evita los párrafos súper largos. **Nadie tiene tiempo para párrafos largos a menos que esté escribiendo libros blancos y libros electrónicos. Como se mencionó, la capacidad de atención del consumidor se acorta cada vez más a medida que pasa el tiempo. Mantenga los párrafos en solo un par de oraciones y mantenga las oraciones cortas. Asegúrese de que las oraciones también sean fácilmente digeribles.**

Explicar en exceso: use la menor cantidad de palabras posible para cubrir su tema. Hay un equilibrio, y debes mantener el equilibrio dentro de tu contenido.

Explicación insuficiente: si bien no debes explicar en exceso, explicar menos es igual de malo. Asegúrese de que su tema esté cubierto lo suficiente como para que el lector sepa o aprenda algo después de leer su publicación.

Asume cualquier cosa. Divídalo todo en secciones más pequeñas. No asuma que su lector conoce los entresijos del tema que está cubriendo.

Publicar sin corregir. Como se mencionó anteriormente, no puedo imaginar por qué alguien publicaría antes de corregir su material. Evite la vergüenza de errores tipográficos, gramaticales e incluso simples errores de uso de palabras al revisar su contenido al menos una vez antes de presionar publicar.

Siempre edita y nunca te juzgues a ti mismo. Si siempre estás editando constantemente tu material, pero no te estás dando crédito por lo que has escrito, te vas a poner a fracasar. Evitemos eso.

Conclusión

Como puede ver con la publicación de publicaciones en el blog, es más que solo expresar sus pensamientos en papel. Para escribir las publicaciones de manera efectiva, hay una lista de lo que debe hacer y lo que debe hacer, lo que debe hacer antes de publicar sus materiales y lo que debe hacer después de publicar sus materiales, y hay aspectos básicos que deben cubrirse y hacerse con en el primer post. Completamente, esto lo ayudará a comenzar a escribir. Cualquiera puede ser escritor, solo tiene que tomarse su tiempo, conocer sus debilidades en sus fortalezas y capitalizarlas. Nunca habrá una manera correcta o incorrecta de escribir una publicación que te apasione. ¡Feliz escritura!

Capítulo 5: Marketing de afiliados 101

Como se prometió en este libro, vamos a discutir el marketing de afiliación en el ámbito de los blogs.

¿Qué es el marketing de afiliación?

El marketing de afiliación es una gran herramienta para ganar dinero en tu blog. Los bloggers están usando esto, y lo han estado haciendo desde principios de los años 2000. *El marketing de afiliación es donde las empresas le permiten poner anuncios en su blog y promocionarlos promocionando los productos para el afiliado de la empresa, y como resultado, usted hace una comisión sobre los que venden a través de un enlace.* Este es un concepto ordenado y los bloggers deberían hacerlo más.

Cómo afiliar el mercado

Lo primero que debe hacer es decidir cómo desea utilizar los enlaces de afiliados en su sitio. ¿Con qué empresas quiere alinearse, con qué empresas puede identificarse y qué empresas son productos y servicios que serán más útiles para las personas a las que atiende? Una vez que haya pensado en eso, y determine con qué afiliados desea trabajar, necesitará completar una solicitud para unirse a esa red de afiliados. La mayoría de las redes son muy fáciles de unir, pero una vez que acepta, debe completar las solicitudes para trabajar con compañías específicas. También debe presentar una solicitud para trabajar con cada uno de los anunciantes que desee, por lo que conocerlos con anticipación es beneficioso.

Tenga en cuenta que el rechazo ocurrirá cuando solicite trabajar con empresas, anunciantes y afiliados. No lo tome como algo personal, simplemente déjelo rodar de su espalda y siga adelante.

Para aprovechar eficazmente el marketing de afiliación, debe asegurarse de que las empresas y los anunciantes con los que desea alinearse sean fieles a quién es su consumidor, lector y cliente objetivo. Si solo te enfocas en cómo puedes ganar dinero, no vas a obtener lo siguiente que deseas para tu blog. En última instancia, usted está allí para servirlos, no ellos para servirle. Sea particular sobre los tipos de productos, servicios y empresas que está promocionando en su página web. Tu blog es el anuncio de estas empresas. Una vez que esté aprobado para trabajar con ellos, asegúrese de que lo que representan se alinee con lo que usted representa.

Amazon Associates

Amazon Associates es, con mucho, el más popular y más fácil de unir en el panorama del marketing de afiliación. Usted gana una comisión por un producto que alguien ordenará a través de su enlace. Simple, y así es como haces tu dinero. No hay requisitos de sitio para unirse, pero debe analizar la legalidad del mismo. Hay algo que se llama un "estado de nexo de afiliación", que si su estado tiene estatutos que lo hacen ilegal para anunciarse de esta manera, no se le permitirá unirse porque es elegible.

AWIN

Esta red de afiliados requiere que coloque un cargo de cinco dólares en una tarjeta de crédito como parte de su control de seguridad. Quieren asegurarse de que sea su persona real y no un bot. El dinero se vuelve a colocar en su cuenta de inmediato, por lo que no está pagando para unirse a él, pero solo tiene que demostrar que es quien dice ser. Este no es el más conocido, y no es el más grande, pero ofrece Etsy dentro de la red. Entonces, si desea trabajar con Etsy, esta es la red de afiliados que desea elegir.

CJ

Esta red de afiliados en particular es la más grande y representa las tiendas más grandes que existen. Debe inscribirse para unirse, y cualquiera puede unirse, pero luego debe solicitarlo a cada anunciante en la red. También puede solicitar la certificación de contenido, y esto solo le da más respetabilidad entre los anunciantes. Una vez que haya sido aceptado, tendrá acceso a los anuncios de banner y anuncios de texto que coloque en su blog. A partir de ahí, puede colocar elementos individuales en su sitio y recibirá una comisión por cada compra que se realice desde los enlaces.

Los programas más notables dentro de este afiliado incluyen: Gap, Old Navy, banana republic, 6 PM.com, Zappos, American Eagle, Bed Bath and Beyond, Buy-Buy Baby, personas gratuitas, Sears, Kmart, TripAdvisor y Expedia.

Pepperjam Exchange

Al igual que los otros, debe presentar una solicitud para ser afiliado, y después de eso debe presentar una solicitud a cada anunciante individualmente. Es más fácil trabajar con este y es más fácil entrar. La interfaz no es tan buena, lo que dificulta trabajar con respecto al aspecto técnico de las cosas.

Los programas notables dentro de Pepperjam Exchange incluyen: Bare Minerals, BaubleBar, BCBG, Cosabella, Dollar Tree y Fashion to Figure, French Connection, Hankey Panky, Melissa y Doug, y Torrid.

EBay Partner Network

Esta red de afiliados en particular es extremadamente estricta acerca de a quién excepto. Realmente no tiene una política de puertas abiertas.

Impact Radius

Esta es una nueva opción de marketing de afiliación. Este tiene y atrae esos sitios de ofertas diarias. Los anunciantes están comenzando a acudir en masa a esta red de afiliados. Quieren trabajar aquí, quieren trabajar con los escritores, los sitios web y otros que se están alineando con este mercado afiliado en particular.

Los programas notables para la red de afiliados de Impact Radius incluyen: Target, ULTA, Diapers.Com, Soap.Com, Hotwired y Tommy Hilfiger.

Rakuten Linkshare

Esta es una de las redes de afiliados más grandes que ofrece miles de anunciantes. Al igual que con los otros, debe inscribirse para unirse y luego debe solicitar el trabajo con un anunciante que elija.

Los programas emparejados notables en esta red incluyen: Macy's, Nordstrom, Anthropologie, Bloomingdale's, Clinique, Coach, JCPenney, Lane Bryant, Sephora, Walmart, Modcloth y Kohl's.

Sharesale

Este es interesante porque hay diferentes anunciantes que no encontrarás en las otras redes. Es posible que valga la pena solicitarlo en este caso cuando lo haga en otras redes solo por el hecho de que puede encontrar anunciantes únicos aquí. Al igual que los otros, usted aplica y una vez que es miembro, puede aplicar a los programas y anunciantes que desee. De todos ellos, este es el más amigable para los bloggers.

Los programas notables para la venta de acciones incluyen: One Kings Lane, Wayfarer, Shutterfly, Gymboree, Reebok, Group Deals, Craftsy, Domino y Zulily.

Conclusión

Las opciones realmente son infinitas cuando se trata de los mercados afiliados y qué anunciantes conocen. Debería poder encontrar algunos con los que quiera trabajar que pueda utilizar para generar ingresos pasivos en su blog. El marketing de afiliación es una de las formas más fáciles de generar ingresos pasivos mientras escribes en un blog. Y si prestas atención a cómo colocas tus enlaces publicitarios, cómo estás utilizando los banners y lo haces con buen gusto, puedes mejorar la experiencia de tu audiencia en tu sitio web en lugar de alejarte de él. Considere cuidadosamente cómo está utilizando los anuncios, porque los consumidores se frustran cuando aparecen ventanas emergentes por todas partes, cuando los anuncios se alejan del contenido y se convierten en una distracción. Utilice el marketing de afiliación con buen gusto y debería ver algunos resultados bastante estelares.

¿Qué es el SEO? SEO es simplemente la optimización de motores de búsqueda.

Lo que esto hace por usted es que le permite clasificar su sitio de blog más alto en Google mediante el uso de palabras clave y frases para atraer la atención de los rastreadores web utilizados para buscar el contenido de su sitio. Al utilizar las técnicas de optimización, está permitiendo que su sitio se ubique más alto para que sea notado por los consumidores, clientes potenciales y clientes.

¿Cómo usar SEO?

Google tiene algoritmos o fórmulas que requieren que los bloggers, propietarios de sitios web y empresas sigan. Si no sigue los algoritmos con las técnicas de SEO, es probable que su contenido no se note. Si te estás buscando y te encuentras en cualquier página después de la página 1, no te estás haciendo justicia con las técnicas de SEO disponibles para ti. Con SEO, si lo estás haciendo correctamente, no importa qué nivel de experiencia tengas. Puede ser el bloguero más nuevo en su mercado, o podría ser el más antiguo, a Google no le importará si sus algoritmos son correctos.

¿Por qué es Google SEO más importante que los otros motores de búsqueda?

La gente confía en Google simple y llanamente. Si estás en la primera página de Google, Google dice que eres confiable y que la gente puede saber que estás ofreciendo valor. Una vez que las personas confían en usted y su sitio y su información, lo compartirán y esas personas lo compartirán y el efecto dominó puede ser espectacular. En el lado opuesto, si odian tu contenido, pueden compartirlo, y las personas con las que compartieron lo compartirán, y podría ser un desastre, así que tenlo en cuenta.

Algunas cosas a considerar en su página web, cuando utiliza SEO incluyen:

¿Cómo estás usando tus palabras clave en tu título?

¿Están las palabras clave en su título lo suficientemente cerca del comienzo del título si no considera cambiar el título para acomodar eso?

¿Qué hay de tus metaetiquetas que eres y se están utilizando adecuadamente? Las metaetiquetas son el código HTML que se usa en su sitio web. Por lo general, contiene sus palabras clave y tal. (Si nunca ha visto la codificación de un sitio, haga clic con el botón derecho en cualquier sitio web y elija ver la fuente. Luego podrá ver lo que mira un rastreador web). Esto se utiliza para explicar el contenido de la página con precisión, y debe asegurarse de que eso es lo que está haciendo con sus palabras clave. Solía haber una práctica llamada relleno de palabras clave. Está mal visto y puede penalizar tu blog en términos de disponibilidad de Google. Asegúrese de incluir sus palabras clave para que el motor de búsqueda sepa para qué clasifican sus páginas. Asegúrese de que sus palabras clave se coloquen al comienzo del título para aprovechar al máximo la palabra clave que se hace notar.

Una vez más, la meta descripción es simplemente el código de qué trata su página y, generalmente, con la metaetiqueta, la coloca en la etiqueta del título y se usa antes de la metaetiqueta de palabra clave. Para conocer las mejores prácticas para optimizar los motores de búsqueda, debe usar la etiqueta de meta descripción. Si no se siente cómodo tratando de descubrir cómo hacerlo, hay opciones que puede buscar para usar una metaetiqueta.

Use una herramienta de generador de metaetiquetas si está atascado, o puede buscar sitios web de tecnología y consultar los foros o la sección de preguntas y respuestas. Seguramente encontrarás a alguien o al menos algo que pueda decirte cómo usarlo aún más. Sin embargo, las herramientas de SEO que están disponibles dentro de las plataformas deberían poder ayudarte a hacer lo básico en lo que respecta al lado tecnológico con las metaetiquetas.

Palabras clave de la etiqueta H1

La etiqueta H1 generalmente se usa en el título de los títulos. El H1 es lo que aparece en el lado de codificación de tu blog. Por lo general, nunca ve lo que se muestra para el código, pero los rastreadores web, que buscan clasificar su sitio, necesitan poder ver las palabras clave en el título. La etiqueta H1 y la metaetiqueta también deben estar en el contenido para poder clasificar su página con fines de credibilidad.

Nuevamente, no escribas palabras clave. Es muy tentador incluir tantas palabras clave como sea posible e intentar aprovecharlas, pero todo lo que se hará es penalizar su página. La práctica ya no es aceptada por Google, y están comenzando a penalizar a los sitios que lo están haciendo. No quieres que Google te penalice.

Use las palabras clave naturalmente dentro de su copia. Por lo general, intente hacer una palabra clave cada 300 palabras. Para un artículo de 1500 palabras, debe tener seis o siete palabras clave solo en la copia de la página. Asegúrese de que se usan de forma natural y en contexto, y asegúrese de que no está tratando de engañar a los rastreadores web que clasifican su sitio. Además, asegúrese de utilizar las palabras de manera beneficiosa para su audiencia.

La longitud de tu contenido

Nuevamente, para un contenido óptimo, debe tener al menos 300 palabras por algoritmo de Google. La mejor práctica es 1500 palabras, pero para ser útil puede salirse con las mil palabras dentro de su contenido. Asegúrese de estar cubriendo completamente su contenido mientras utiliza la práctica de asegurarse de no agregar pelusa en el contenido solo para estirar la longitud. Si es demasiado corto, debe investigar más porque debe ser valioso. Si no es valioso, corre el riesgo de perder sus lectores. Y recuerda que estabas allí para el lector.

Contenido duplicado

Si publica contenido duplicado, será penalizado. Asegúrese de que si cambia el título de su publicación o algo más cambia en la página que también afectará la forma en que llega a la página, asegúrese de eliminar la otra página. Cada página debe tener solo contenido original. Duplicar te penalizará.

Optimización de imágenes

Cualquier medio que coloque en su página debe optimizarse. Cualquier video, imagen, cualquier cosa que coloque en su página debe optimizarse con palabras clave. Lo hace en la forma del texto alternativo, subtítulos y descripciones de los medios que se utilizan.

Actualiza tu contenido

Como mínimo, debe programar una actualización para su contenido cada 12 meses. Debe verificar la precisión, debe verificar si lo que dice sigue siendo relevante, y debe asegurarse de que todo esté actualizado.

Enlaces salientes

Vincular a una página web confiable indica al motor de búsqueda que confía en esta página. Si tiene demasiados enlaces salientes, su clasificación en la búsqueda se verá comprometida y se reducirá drásticamente. Úsalos con moderación y moderación. Con un recuento de 1500 palabras, debe tener tres, pero no más de cuatro enlaces salientes. Asegúrese de que cualquier enlace que enlace fuera de su sitio web tenga información que sea relevante para lo que está hablando y que la página también tenga la reputación de ser confiable y valiosa.

Vínculos internos

Los enlaces internos son donde se vincula a su propia información. Asegúrese de que la información a la que está vinculando sea relevante y no solo esté tratando de hacer que la gente vea otro contenido que ha escrito. Los lectores son criaturas volubles, y se tomarán su tiempo en otro lado y esencialmente llevarán su dinero a otro lado si sienten que estás tratando de aprovecharlos. Hay una línea entre el negocio que es bueno y el negocio que es malo. Nunca es una buena práctica ser sombrío cuando se trata con su clientela.

Factores Off Page

Las cosas que se consideran cuando está haciendo su SEO, y algo de lo que considera Google, son las siguientes: la cantidad de dominios de enlace que están vinculados a usted, la cantidad de páginas que están vinculadas a usted, el dominio, los enlaces de la organización, alta relevancia o autoridad de relevancia de enlace del dominio de enlace, si el enlace es similar desde la página de inicio, cuántos enlaces de seguimiento se adjuntan, diversidad de tipo de enlace, enlaces de contexto y enlaces de enlace de enlace.

Factores de dominio

Registro de dominio: cualquier registro de dominio que se haya registrado durante más de un año es más confiable que los más cortos según Google y sus algoritmos.

Historial de dominio: considere al seleccionar su dominio que puede no ser la primera persona que ha registrado el dominio. Si el dominio ha sido penalizado en el pasado, podría afectar su clasificación. Este es uno de esos casos en los que puede estar obteniendo el final del trato, aunque no haya hecho nada malo.

Extensión del país: si su página tiene un .co.uk o .pl al final, se clasificará para obtener más orientación local. No es un requisito, pero si está haciendo algo como eventos locales, puede considerar buscar un nombre de dominio que tenga un final específico para su área. Cuando vaya a comprar su dominio, debería tener una opción para cambiar el tipo de finalización de .com y .edu. Algo así y, por lo general, tendrá un costo adicional, pero si está buscando tener su público objetivo local, puede ser una buena opción para usted.

Dejar una Buena impresión

Recuerde que desea que sus lectores y clientes abandonen su sitio con un buen presentimiento sobre lo que acaban de leer. Su experiencia debería ser una buena experiencia, de lo contrario podría lastimarte descargar el camino. Recuerde, si les gusta su contenido, lo van a compartir. Desea que sus lectores lo recomienden a otras personas. Y para hacer eso, necesitas escribir contenido estelar. Debe hacer que su contenido sea aplicable a su público objetivo. Esto es lo que lo ayudará a romper su página web, pero en última instancia también lo ayudará a obtener más ingresos tanto pasivos como activos a través de su blog.

Tener un sitio web limpio

¿Qué tan fácil es encontrar contenido en tu página? Si no estás organizado en la página de tu blog y la gente tiene que buscar sin parar tratando de encontrar lo que está buscando, se irán bastante rápido. Le dirán a la gente que el sitio web es un desastre horrible. Debe considerar si todo está donde debería estar, y debe asegurarse de que sea fácil llegar allí. Revise regularmente sus sitios web en busca de enlaces rotos, páginas web caducadas y cualquier otro problema que pueda hacer que sus lectores encuentren difícil su sitio web.

¿Cuánto tiempo se quedan sus visitantes?

Use su análisis y sepa cuánto tiempo permanecen sus visitantes en su página. Si tienes personas que se quedan más tiempo del que vas a clasificar más alto. Una vez más, los visitantes más largos requieren un mínimo de mil publicaciones, pero 1500 es el punto ideal. Google está contento con las visitas más largas porque eso significa que tienes buen contenido. Deberías estar contento con las visitas más largas porque significa que tu contenido es bueno y útil.

Visitantes únicos

Google mira mucho cuando se trata de su sitio y las impresiones únicas de sus visitantes son algo más que ellos ven. Buscan asegurarse de que las direcciones IP sean diferentes, buscan asegurarse de que no solo vengan las mismas personas, aunque lo miran.

¿Cómo haces esto? ¿Cómo conseguir visitantes únicos para visitar su sitio? En primer lugar, comparta todas sus publicaciones en las redes sociales y donde sea que pueda. Pídale a la gente que comparta su contenido; No hay vergüenza en eso. Si su contenido es bueno y útil, la gente querrá compartirlo de todos modos; utilízalo como parte de tu CTA. Ponga al final de su publicación en las redes sociales después de vincular su contento decir "por favor comparta con sus amigos". ¿Cómo puede hacer esto? Puede usar una publicación de estado de Facebook, una página de Facebook, una cuenta de Instagram y Twitter.

¿En qué influye si está utilizando las mejores prácticas tanto On Page como Off Page?

En primer lugar, desea captar la atención de sus visitantes, y al practicar las técnicas mencionadas anteriormente, lo hará. Desea que los visitantes se queden más tiempo para crear contenido que sea lo que están buscando. Atraer más visitantes a su sitio web, y al clasificar para SEO, obtendrá eso para usted. La clasificación con Google permite que su público objetivo lo encuentre a usted y a la multa con su búsqueda. También alienta a los visitantes que regresan y a las acciones de boca en boca, así como a las redes sociales.

Backlinks

Los Backlinks son importantes. Hablamos un poco sobre los backlinks, pero vamos a profundizar más. *Un backlink es simplemente un vínculo que ingresa a su página desde otra fuente.* Esto es lo que estás haciendo para otros sitios web cuando vuelves a vincular a su material. Cuando se vincula a su material, demuestra que confía en estas personas y en su contenido y le dice eso al motor de búsqueda. Pero otras personas que hacen eso por usted, le están dando un voto de confianza de que confían en usted y son básicamente una forma gratuita de respaldo. Existe una gran herramienta llamada Link Explorer y puede usarla para verificar su competencia y ver cómo están obteniendo buenos backlinks y cómo pueden construir unos sólidos. Investigar su competencia es absolutamente necesario en todos los niveles de su viaje de blog. Nunca asumas que no necesitas hacer esto porque realmente lo haces.

Cuando se vincula, asegúrese de considerar lo siguiente: la autoridad de la página, el contenido, la accesibilidad del motor de búsqueda, cualquier texto de anclaje que utilice, ya sea que siga o no siga enlaces, metaetiquetas y enlaces de gran impacto. Todas estas cosas te ayudarán a ayudarte a ayudar a otros básicamente.

Bloguear no es un viaje en solitario, aunque puede serlo a veces. Lo que estás haciendo es con enlaces de retroceso que estás haciendo en la construcción de relaciones y conexiones dentro de tu nicho. Si bien los otros blogs son su competencia, también son sus amigos cuando se trata de vínculos de retroceso.

Tenga en cuenta que, al obtener enlaces, hay algunos que son más valiosos que otros y no todos los enlaces son iguales. Desea enlaces que provienen de sitios confiables y de alta autoridad que también son populares dentro de su nicho.

Acciones sociales

Las acciones sociales son importantes porque puede obtener su información frente a personas de ideas afines de forma rápida, fácil y muchas veces de forma gratuita. Puede usar las tendencias de Google e investigar temas de tendencias, esto es para cosas como noticias relevantes urgentes o de última hora.

En lo que respecta a compartir, asegúrese de estar usando cosas como infografías y gráficos. Cuando crea anuncios, es importante llamar la atención sobre su sitio web. Si no desea usar algo como Adobe Illustrate, en diseño o Photoshop porque todos son programas pagos, sus opciones son la mejor opción es canva.com. Esto también puede ayudarlo si no puede pagarle a alguien para que diseñe su logotipo, o sus pancartas para su página web, o los gráficos que necesita. Es muy fácil de usar, puede ingresar y crear una cuenta y tienen plantillas para usted y puede personalizar y es realmente una buena opción para los bloggers. También es popular entre los bloggers.

Los botones sociales de desplazamiento son increíbles. A medida que se desplaza hacia el contenido, sus botones sociales aparecen con los botones de Twitter, Instagram y Facebook, y simplemente siguen el contenido. Al seguir el contenido, le recuerda al lector que lo comparta. Solía ser que todos los botones sociales estaban en la parte inferior o superior de la página web, pero usar la opción de desplazamiento es fantástico porque cuando un tidbit importante salta al lector, son como "oh Dios mío, necesito compartir". Entonces, es más probable que hagan eso y terminen de leer antes de compartir, corriendo el riesgo de olvidar lo que iban a hacer.

Los botones de resaltar para compartir también son fantásticos. Puede tomar y resaltar una sección de una página web y simplemente presionar el botón compartir para compartirla en las redes sociales. Un fragmento, no todo el artículo. Recuerde que la capacidad de atención de los lectores es corta.

Hacer clic para tuitear es también una buena opción para compartir en redes sociales. Esto se usa como un complemento. Les recuerda a los lectores que pueden tuitear solo una pequeña sección de su contenido que es importante para ellos.

En general, con el uso compartido en redes sociales, asegúrese de mostrar de manera destacada sus botones para compartir en redes sociales. Al hacerlo, ya se está ayudando a publicar su blog sin tener que gastar dinero.

Palabras clave de cola larga, palabras clave de cola corta e investigación de palabras clave

<u>Las palabras clave de cola larga</u> son tres frases hacia adelante diferentes que se escriben en la barra de búsqueda en Google, Bing, etc., y son frases que las personas escriben para buscar contenido. Cómo hacer huevos, sería un ejemplo.

Por otro lado, las palabras clave de cola corta son solo frases de una o dos palabras que los consumidores están usando para encontrar contenido. En lugar de escribir cómo hacer huevos, tal vez solo estén escribiendo huevos cocidos o huevos. Es una buena práctica utilizar palabras clave de cola corta y cola larga en su contenido.

La investigación de palabras clave parece una tarea difícil, pero en realidad no lo es. Si se desvía de donde necesita estar, puede llevar mucho tiempo, pero en general no lo es. Hay muchas opciones diferentes para la investigación de palabras clave. SEM Rush es un servicio pago que le enviará una lista de palabras clave que se clasifican dentro de su nicho. Es un gran servicio, pero es costoso, por lo que, dependiendo de su presupuesto y de lo que esté tratando de hacer, esta podría no ser la mejor opción para comenzar. Otra opción sería Word Stream, que es una opción gratuita, y el planificador de palabras clave de Google tiene una opción gratuita, pero en última instancia, resulta que debe pagar para aprovechar al máximo el servicio.

Asegúrese de que cuando esté investigando sus palabras clave, las palabras clave describan el contenido. También intente escribir las palabras clave que planea usar solo para ver a Kino lo que el mercado ya está haciendo en esa área. Al utilizar un calendario editorial como se mencionó anteriormente en uno de los capítulos anteriores, puede asegurarse de que está utilizando las palabras clave de manera efectiva. Algunos complementos de palabras clave y SEO le advertirán que ya ha utilizado una determinada palabra clave anteriormente y le sugerirán que tal vez piense en cambiarla. Tome las sugerencias de los complementos de la ayuda que se le brinda y úsela a su favor.

Conclusión

Ahora, ya tiene una comprensión básica de las prácticas de optimización de motores de búsqueda de Google. Si necesita información más detallada, al final del libro habrá una lista de recursos que le dará una verificación de los lugares en cuanto a si aún necesita asistencia con esta parte de los blogs.

Capítulo 7: YouTube como blogger

YouTube es ridículo porque está en todas partes y la gente quiere estar en YouTube, la gente quiere ganarse la vida con YouTube, y se está volviendo súper competitivo. Pero, ¿cuáles son los beneficios de YouTube para usted como blogger?

Beneficios de YouTube en el blogging

Los bloggers están integrando contenido de YouTube junto con su contenido de blogs y están viendo resultados estelares al final. Al combinar los dos, le está dando a su audiencia más contenido para usar, y se lo está dando en un formato diferente. Algunas personas prefieren ver un video y otras prefieren leer lo que se les da. Al usar YouTube, estás llegando a los dos tipos diferentes en tu audiencia objetivo.

YouTube también te brinda una fuente adicional de tráfico. Creo firmemente que si eres un blogger también deberías tener un canal de YouTube. A la gente le gusta comprarle a la gente y cuando pueden ver quién eres y qué estás haciendo, es más probable que obtengas ventas de los resultados de esa manera. Es más probable que pueda conectarse con nuevos miembros de la audiencia y profundizar la conexión que ya tiene con sus lectores actuales. Verlo en video crea una conexión más cercana y personal entre usted y el espectador.

Esto también está modernizando el blog al usar YouTube para blogs de video y está actuando como otra fuente de ingresos. Es difícil ganar dinero en YouTube, pero cuando se trata de que el público quiera comprar sus productos debido a su canal de YouTube, eso solo lo ayudará.

También es una muy buena salida creativa y le permite mostrar su personalidad a sus lectores y espectadores. Seamos realistas, la mayoría de nosotros probablemente no nos sentimos cómodos con el video, o puede que no estés escribiendo un blog. Los blogs brindan un escudo entre el escritor y el mundo exterior, mientras que YouTube lo saca y lo saca de su zona de confort. Se trata de crecimiento personal.

¿Cómo puede aprovechar al máximo su canal de usuario y cómo puede capitalizar sus conexiones de YouTube?

Como se mencionó cuando usa YouTube, redirigirá a los espectadores a su blog en su sitio web. A partir de ahí, está aprovechando que desean saber más sobre usted y lo que ofreció. Por lo tanto, está llegando a una base de clientes completamente nueva, y no depende de los ingresos que las personas suponen que puede obtener de YouTube, sino que los está redirigiendo a su propia página donde están a la venta sus servicios y productos. Los diferentes tipos de contenido que estás usando en tu blog también se pueden usar en YouTube, solo lo estás haciendo en forma de video.

YouTube como motor de búsqueda

Antes de escribir este libro, no sabía que YouTube es un motor de búsqueda. Estadísticamente hay más de 3 mil millones de búsquedas al mes en YouTube. Una vez que Google compró YouTube, se convirtió en una fuerza de cálculo en la industria del marketing. YouTube es ahora una fuente inagotable que recibe mil millones de visitantes únicos al mes. Mensualmente, ¿puedes creer eso? Usted está clasificado por la cantidad de vistas, el título de su video, la descripción del video y las clasificaciones de video. Dado que Google posee YouTube, es seguro decir que sus algoritmos son similares a cómo clasifican las publicaciones de blog.

¿Cómo se captura la información del espectador?

Las empresas, como mencioné, combinan los blogs de lotes de videos y los blogs para diversificar su audiencia. Ambos son marketing de contenido y le brindan una gran oportunidad para que use el marketing de contenido en su plataforma para que su contenido de video entre su público objetivo en su nicho. Puede producir videos que no sean más que tomar su contenido de mejor rendimiento y simplemente cambiar la forma en que se consumen.

Necesita hacer una promoción cruzada de sus cosas y al hacerlo, le permite a su audiencia cambiar. Al cambiar, quiero decir que le permite llegar a personas en un nuevo nivel. El tipo de video que haces es importante, pero puedes usar los mismos conceptos de lo que estás usando para tus blogs y seguir siendo relevante y efectivo. Asegúrate de ser consistente en que tu marca es fluida en todos los ámbitos y que la ejecución de tu video es precisa. No divagues en el video solo para que un punto sea claro y confiado. Es genial fomentar una conexión humana como se mencionó anteriormente. Esa conexión humana es tan importante porque las personas compran a las personas.

Conclusión

En general, YouTube es el nuevo horizonte con el marketing de contenidos. Las empresas están utilizando esta plataforma de clip y están llegando a nuevos miembros de la audiencia, clientes y clientes. Tus blogs pueden convertirse en videos de YouTube, y no solo ayudan a tu audiencia actual, sino que terminarás llegando a personas que nunca hubieras alcanzado.

Capítulo 8: Crear una lista de correo electrónico

La lista de correo electrónico es importante y es vital que tenga una lista de correo electrónico efectiva. Estadísticamente, una lista de correo electrónico es cómo va a convertir sus lectores a sus clientes. Existen diferentes opiniones sobre si necesita una lista de correo electrónico o no, pero, para un blog, creo que necesita tener una lista de correo electrónico efectiva.

Con eso en mente, ¿por qué necesitas uno? Los correos electrónicos tienen una tasa de clics más alta hasta seis veces la cantidad que si usara un tweet.

El correo electrónico es más de 40 veces más efectivo para conseguir un nuevo cliente que Facebook o Twitter. Cuando crea una lista, requiere que las personas se suscriban cuando usa el llamado a la acción en su página web.

¿Cómo se construye una lista de marketing por correo electrónico?

Primero, debe comenzar con los botones de llamada a la acción en cada página de destino para su sitio web o su blog, y desde allí debe dispersar los CTA en todo su contenido. No hay necesidad de ser agresivo, no hay necesidad de ir por la borda porque terminarás perdiendo a tu lector en parte por tu publicación.

Opt-Ins

Las diapositivas o ventanas emergentes de imágenes en sus páginas de destino son efectivas para capturar la dirección de correo electrónico. Asegúrate de ser específico en cuanto a qué personas se están registrando y no intentes engañarlos. Si desea que se suscriban a su boletín, solo envíeles su boletín. Si desea que se registren para obtener materiales de marketing, asegúrese de que esté claro que se están registrando para obtener materiales de marketing. Legalmente, no hacerlo le causará algunos dolores de cabeza con el sistema legal en el futuro.

Las encuestas cronometradas que aparecen mientras sus lectores están navegando son efectivas. A la mayoría de los consumidores les gusta tomar encuestas o cuestionarios, y al tener una ventana emergente, no solo está permitiendo comentarios en la mayoría de los casos, sino que también está dando otra oportunidad a sus lectores de registrarse para recibir noticias suyas por correo electrónico.

Opciones de página de destino

Las inscripciones son una excelente manera de lograr que las personas se registren en su lista de correo electrónico. Puede usar cosas como cuestionarios, informes gratuitos, un desafío de 30 días o un producto de pieza gratuito para atraer a los lectores a registrarse en su lista de correo electrónico. Lo mejor de las opciones de página de destino es que no necesitan ser sofisticadas, no necesitan ser extensas y cuanto más rápidas y limpias sean, más efectivas serán. Algo que agregue valor a la vida del lector será beneficioso para el lector, y se van a separar de su activo más valioso que pueden darle, que es su dirección de correo electrónico. Confían en el hecho de que usted se acercaría y facilitaría sus vidas al entregar contenido útil, ofertas de productos y consejos directamente en su correo electrónico.

Usted tiene requisitos legales para usar una lista de correo electrónico y obtener suscriptores en esa lista de correo electrónico.

Botón para darse de baja

Lo primero que necesita para asegurarse de que sus correos electrónicos de marketing tengan un botón claro para cancelar la suscripción. Las personas deben poder darse de baja si desean recibir su email marketing. No es nada ofensivo, y debería lastimarse cuando alguien se da de baja de su lista de correo electrónico. Puede ser simplemente que simplemente no quieren que les lleguen los correos electrónicos, pero aun así aprecian sus productos, servicios y blog.

Ley Can Spam

La Ley Can Spam se creó en 2003 y hace que sea ilegal comprar y vender listas de correo electrónico. Todavía es legal alquilar la lista, pero sigue siendo una práctica muy inestable, así que tenga cuidado. Éticamente está en el límite y legalmente está mal, así que construya su propia lista, mantenga su propia lista y úsela adecuadamente.

Debería utilizar el marketing entrante para establecer su propia lista, y al hacerlo, tendrá una tasa menor de bajas. El inbound marketing simplemente significa que está utilizando cosas como sus recursos compartidos en las redes sociales y que las personas recurren a usted porque quieren lo que tiene.

En sus correos electrónicos de marketing, asegúrese de que la información en el encabezado sea correcta y que tenga la información correcta hacia y desde el remitente. El engaño no lo ayudará de ninguna manera cuando se trata de marketing por correo electrónico, y en realidad puede causarle grandes dolores de cabeza legales. Así que asegúrese de que el contenido de su encabezado sea correcto, que sería su información, la información de su blog, etc. Pero también asegúrese de que la información sea la dirección de correo electrónico correcta y que la sección "de" refleje que usted era una dirección de correo electrónico precisa.

No practiques publicidad falsa. Debe asegurarse de que su línea de asunto refleje lo que está en el correo electrónico. Si no lo hace, corre el riesgo de que sus correos electrónicos se envíen a correo no deseado y no se ha ayudado de ninguna manera cuando es engañoso. No solo eso, sino que pierde credibilidad entre sus lectores.

Si está comercializando fuera de los EE. UU., Debe asegurarse de tener cuidado de no infringir las leyes de otros países: ya sea intencionalmente o no. Básicamente, siga las leyes de su país de origen, pero si está comercializando fuera de su país de origen, debe conocer cuáles son sus leyes actuales en torno al marketing por correo electrónico.

Va a enviar contenido de marketing y debe asegurarse de que las divulgaciones muestren que las personas se están registrando para recibir información y materiales de marketing. No intente que las personas se suscriban a su boletín informativo y les envíen materiales de marketing porque eso es una violación de la ética.

Conclusión

Como recordatorio, una lista de correo electrónico es simplemente un conjunto de direcciones de correo electrónico que recopila de sus clientes, lectores y clientela que le permite enviarles actualizaciones, información o descuentos. Los envía digitalmente a su cuenta de correo electrónico y los beneficia enormemente. Asegúrese de que está practicando una buena segmentación para sus correos electrónicos, y no envíe los correos electrónicos en general con personas que se hayan registrado para cosas que no desean recibir en su correo electrónico.

Capítulo 9: Atarlo todo junto

Esta es la parte emocionante: ahora puedes decidir a dónde irás desde aquí. Tienes el conocimiento, tienes la lista de verificación y ahora sabes por dónde empezar. ¡Empecemos!

Plan de juego

Para empezar, necesitas un plan de juego. Para este propósito, le sugiero que comience con su información de marca y comience con un plan de negocios. Al final del libro, en la sección de recursos del capítulo 9, encontrará listas de verificación, consideraciones de información de marca y un formato de plan de negocios. Tome estas herramientas y estos recursos, complételos y tómese su tiempo considerando los diferentes aspectos de su negocio de blogs.

Incluye en tu plan de juego cualquier cosa que te ayude a tener éxito. Asegúrese de detallar cada uno de los pasos que debe seguir, cuándo y cómo logró esos pasos y qué sigue. A medida que avanza hacia una fecha de lanzamiento, comience a promocionar su blog.

Una buena cosa a tener en cuenta es que cuando esté trabajando en su plan de juego y esté detallando los pasos, prepare un estudio de caso. Esto le permite probar socialmente que es capaz, confiado y conocedor del área en la que se encuentra. Además, esto ayudará en el futuro cuando pueda lanzar sus propios productos.

¿Cómo empezar?

A partir de ahí, veamos cómo empezar. Una vez que haya hecho su marca en su plan de negocios, comenzará a buscar en las diferentes plataformas, dominios y servicios de alojamiento. Recuerde comparar y contrastar los diferentes que existen para que pueda encontrar lo que funcionará para usted. Tenga a mano su plan de negocios y sepa que necesita encontrar el adecuado para su blog y su negocio.

La importancia de una estrategia de marca no debe pasarse por alto. La marca puede llevar mucho tiempo, pero piense en el propósito de las marcas populares. Cuando ve un logotipo, ¿puede nombrar inmediatamente la marca o empresa a la que pertenece? Más que probable, si es una que está muy extendida, la respuesta es sí. ¡Incluso hay un juego en el que no haces nada más que competir para ver quién puede identificar logotipos de varios tipos!

No escatime en la comparación y el contraste de los diferentes dominios, plataformas y servicios de alojamiento. Se comete una injusticia si no avanza con precaución en este aspecto. Asegúrate de tomarte tu tiempo. Deténgase en las diferentes opciones y busque la opinión de otros.

Ganar dinero

Existen numerosas opciones sobre cómo ganar dinero con su blog y hablaremos más, pero ahora mismo.

Marketing de afiliación

La comercialización del afiliado

El primero es el marketing de afiliación, y es la forma más popular. Recuerde, la lista de afiliados de los capítulos anteriores que muestra qué red tiene qué tiendas con las que desea trabajar y las empresas con las que desea alinearse. Considere completar las hojas de trabajo sobre los valores que las empresas están poniendo y alinearse con ellos, y asegúrese de alinearse con eso.

Productos y servicios

Crear sus propios productos y servicios lo ayudará a expandir su negocio de blogs y le permitirá crecer. La gente ya está vendiendo sus propios productos, pero los suyos serán únicos porque le pertenecen. Tener este flujo de ingresos es una excelente manera de aprovechar los ingresos pasivos.

¿Cómo escalar tu blog?

Cuando escala su blog, simplemente significa que está tratando de hacerlo crecer. Vamos a cubrir eso en el capítulo 10 con más profundidad, pero sepa que eso es algo que debe tener en cuenta cuando complete todas sus cosas con respecto a la marca comercial y su plan de negocios. ¿Cómo vas a crecer como blog? ¿Qué tipo de cosas vas a necesitar hacer para que tu negocio crezca? Ya hemos dado muchas opciones en este momento, solo necesita tomarse un tiempo y debe averiguar cuáles van a funcionar para usted.

Conclusión

Este es un capítulo más pequeño, pero busque los recursos al final del libro. Tu trabajo comienza allí y ganarás impulso a medida que avanzas. Sigue los consejos que se te han presentado en este libro y llegarás lejos. El propósito del capítulo 9 era ayudarte a unir todo. Debe sentirse seguro de hacia dónde va su camino, y debe ver las vistas a lo largo del camino. ¡Buena suerte!

Avenidas como blogger para construir y expandir blogs pasados

No se requiere que solo sea un blogger, aunque, bloguear es una de las aventuras profesionales más satisfactorias en Internet hasta la fecha. Usted tiene control sobre lo que está haciendo, a quién estamos llegando y qué mensajes estaba enviando. Ya sea que decida bloguear para usted mismo o decida bloguear para una empresa, sus caminos para construir y expandirse son ilimitados. Puede ramificarse en diferentes áreas, como el coaching, ofrecer sus propios productos y servicios y crear sus propios métodos.

Entrenamiento

El coaching es una excelente manera de llegar a personas con ideas afines como usted, y guiarlos a través del proceso de lo que sabe. Hay entrenadores de salud, de negocios, de desarrollo personal y la lista realmente continúa. Si buscara coaching en Google, encontraría que literalmente hay un servicio de coaching para cualquier cosa imaginable. Siempre que pueda encontrar un consumidor motivado que quiera lo que está ofreciendo, puede proporcionar un servicio de asesoramiento como parte de sus propios productos. Si le gusta ayudar a las personas y quiere probarlo, le recomiendo comenzar con uno o dos clientes, pero solo después de haber desarrollado el curso con los materiales necesarios para educarlos.

Productos

Los productos no siempre significan que vas a vender algo astuto, algo que hayas hecho o algo que normalmente caería en Etsy.com. El producto simplemente significa algo que está creando y está vendiendo a otras personas. Esto puede incluir plantillas descargables de Word o Excel. También podemos incluir cursos que cree para ayudar a las personas a obtener un nivel de logro, así como clases de liderazgo, instrucciones y, por supuesto, puede incluir los libros electrónicos. Lo importante es recordar que no importa qué contenido esté creando, generalmente puede convertirlo en un producto y venderlo simplemente expandiéndolo.

Servicios

Al proporcionar servicios a sus clientes, está ampliando la forma en que su negocio está creciendo. Esto es genial, especialmente si atiende a un grupo de personas que buscan ayuda en diferentes áreas. Los ejemplos podrían incluir: empresas que buscan redactores, empresas de diseño gráfico que pueden necesitar redacción, o incluso que ofrecen servicios de video o medios gráficos a otras empresas. Estos son solo ejemplos, pero puedes llegar tan lejos como quieras con esto.

Cumbre virtual

Hablamos antes, brevemente sobre una cumbre virtual. El potencial de crecimiento es grande, y el potencial para ganar dinero también está ahí. El propósito es conectar y construir relaciones dentro de su comunidad de nicho. Esto lo ayuda con credibilidad, alcance y compromiso. Por lo general, se trata de aproximadamente 20 expertos en un campo particular que son entrevistados. La visualización inicial es gratuita, pero el espectador tiene la opción de comprar la versión extendida que les ofrece más ventajas.

Embudos de alta conversión

Cuando tiene un embudo, el propósito es crear una venta en el extremo posterior del embudo. Los utiliza siguiendo con sus listas de marketing. Esto le permite construir relaciones con su audiencia.

El seguimiento convierte a estos lectores en clientes. Está ofreciendo productos y servicios de calidad, por lo que no está mal venderlos o presentarles sus artículos. A menos, por supuesto, que no se hayan registrado para eso.

Entra en esto con un corazón puro, y no te equivocarás. Los productos y servicios no deben tratar al consumidor como una alcancía, sino más bien como una forma de servirlos más.

Publicidad

Veamos los beneficios y las desventajas de la publicidad paga versus la publicidad gratuita.

Publicidad pagada

Publicidad pagada obviamente tienes que pagar. Facebook hace un gran trabajo con la asequibilidad de sus anuncios. La forma de comercializar y reducir a quién llega su anuncio ha mejorado mucho en Facebook de lo que era anteriormente. Una cosa buena de los anuncios de Facebook es que puede establecer un límite de presupuesto, y pueden decirles a cuántas personas alcanzará a lo largo de sus dólares publicitarios.

Google también hace un gran trabajo con la publicidad paga. Puede usar el planificador de palabras clave, y las guías paso a paso que sigue a través del proceso de anuncios de Google hacen que sea muy simple crear un anuncio que se mostrará en Google. El inconveniente de esto es que es un servicio de pago por clic, que puede ser costoso y no siempre es una opción para todos.

Publicidad gratuita

No descarte que la publicidad gratuita sea inferior a la publicidad paga. La publicidad no siempre es la misma en todos los ámbitos. Puede anunciar sus productos, servicios y contenido simplemente compartiéndolos en los lugares apropiados. Cuando comparte su contenido y grupos de Facebook, en Instagram, en grupos de redes y en sitios especializados, permite que las personas que lo buscan y el contenido que está creando accedan a sus cosas. Simplemente no tiene que pagar por eso, hay opciones. Obtendrá los mejores resultados, obviamente, al pagar por la publicidad, pero sepa que no es la única forma de publicar su blog.

Conclusión

La forma de hacer crecer su negocio es colocando su material frente a las personas adecuadas. Lo haces publicitando y uniéndote a redes de afiliados. Tenga en cuenta que el arduo trabajo que realiza en su blog valdrá la pena, pero puede que no sea inmediato. Sea paciente y mantenga la fe: ¡su tiempo está aquí!

Blogging Estadísticas en profundidad

Datos / estadísticas de blogs individuales:

- El uso de imágenes en tu blog obtiene las publicaciones 94% más de visitas

- 94% de las personas comparten el contenido del blog como un medio de información útil para otros

- Las empresas B2C que bloguean 11 veces o más al mes obtienen más de 4 veces la cantidad de clientes potenciales que las que solo publican en el blog de 4 a 5 publicaciones por mes

- Las publicaciones diarias en el blog obtienen 5 veces más tráfico

- Los artículos y estudios de casos, son el contenido que conduce a una mayor credibilidad.

- 58% de los vendedores votaron que el contenido escrito original es más importante que cualquier otro tipo de contenido.

- 82% de los vendedores que bloguean obtienen un ROI positivo de sus actividades de inbound marketing

- Los estudios de casos y los libros blancos siguen siendo lo último en lo que respecta a la información en marketing B2B

- 7 millones de personas bloguean utilizando sitios web y 12 millones de personas bloguean a través de sitios de redes sociales

- Debe estar en el 5-10% de su industria para encontrar el éxito en su mercado.

- Los blogs son la fuente más confiable de información según el 81% de los consumidores en línea de EE. UU.

- El 92% de las personas que bloguean varias veces al día han conseguido un cliente a través de su blog

- 21-54 publicaciones de blog aumentan su tráfico hasta en un 30%

- Las empresas que bloguean obtienen el doble de tráfico de su marketing por correo electrónico que aquellas que no bloguean

- El contenido de pilar aumenta el tráfico de búsqueda orgánica, aumentando el tráfico en un 38%

- Una publicación de pilar puede crear tanto tráfico como 6 publicaciones básicas, considere convertir las publicaciones de pilar en libros electrónicos y otra información del producto

- 72% de los especialistas en marketing piensan que el contenido de marca es más efectivo que los anuncios de revistas

- 60% de los especialistas en marketing reutilizan su contenido 2-5 veces
- Es probable que el 68% de los consumidores pasen tiempo leyendo contenido producido por una empresa que les interesa
- Los usuarios de Twitter tienen un 506% más de probabilidades de escribir un blog y un 314% más de probabilidades de publicar comentarios o reseñas que cualquier otro usuario de Internet (microblogging)
- Las pequeñas empresas que bloguean obtienen 126% más clientes potenciales que las pequeñas empresas que no bloguean
- Son la 5ª fuente más confiable de información precisa en línea
- 61% de los consumidores en línea de EE. UU. Han realizado una compra según las recomendaciones de un blog
- Los títulos de 6 a 13 palabras tienden a atraer la cantidad de tráfico más alta y más constante
- 63% de los usuarios en línea perciben los blogs con múltiples autores como fuentes más creíbles
- Las acciones sociales de FB, LinkedIn y Twitter agregan la mayor credibilidad a los blogs

- Claves para un blog creíble: contenido de calidad, publicación regular, buen diseño y una presencia establecida en las redes sociales
- ***Bloguear con frecuencia es el factor más crítico cuando se espera encontrar el éxito con un blog***

Hechos:
- Agregar un blog a un sitio web existente puede aumentar el tráfico en más del 400%
- Aprox. 5.8 millones de blogs se crean todos los días
- 77% de los usuarios de la web leen blogs
- Publicación promedio en el blog: 1000 palabras y 3.5 horas para escribir
- Blog más rentable: Huffington Post: $ 14 millones / mes
- 53% de los bloggers tienen entre 21 y 35 años
- Las lecturas de siete minutos atraen la mayor atención de Internet.
- 1999-23 blogs en internet
- 505 millones de blogs
- 2015: más de 28 millones de bloggers
- Los lectores del blog gastan aprox. 37 segundos leyendo publicaciones de blog
- 16+ sitios web de publicaciones de blog tienen más espectadores que menos que eso

- El 55% de los especialistas en marketing ve la creación de contenido de blog como la mejor estrategia de marketing entrante
- 89% de los especialistas en marketing B2B usan marketing de contenidos
- 57% de los vendedores planean aumentar sus blogs
- 7 de cada 10 clientes prefieren la promoción a través de artículos en lugar de anuncios

- Publicaciones prácticas con pasos ordenados: estas publicaciones son populares. Toma un tema y describe los pasos necesarios para corregir o solucionar el problema. Con cada paso, está acercando a su audiencia a estar libre de su dolor. La publicación de instrucciones es efectiva como una publicación que llama la atención porque los titulares generalmente gritan para ser vistos. Considere usarlos al menos una vez al mes, pero con mayor frecuencia si publica más de una vez por semana.

- Estudios de caso: el estándar de oro para el contenido es el estudio de caso. El estudio de caso implica entrevistar y luego detallar cómo funciona algo. Es bueno usarlo si está tratando de vender sus propios cursos o materiales. Al dejar que la audiencia entienda las cosas detrás de escena, puede dar una prueba social de que su manera funciona. Utilice a una persona exitosa para detallar cómo un producto o servicio ha mejorado sus vidas. Por lo general, son más largos y más complicados de crear, por lo que, de manera realista, probablemente no publicará esto más de una o dos veces al año.

- Listicles: ¡Este tipo de publicaciones son divertidas! Las publicaciones son listas de partes importantes del tema en cuestión. Un secreto con este tipo de publicaciones es asegurarse de investigar primero el material. Mira lo que está haciendo tu competencia y luego haz 1,5 veces más que ellos. Hacer esto le da más atención a tu publicación y te impulsa un poco más en Google. Además, con este tipo de publicación, el uso de un tema que es un micro problema le permite ofrecer una perspectiva diferente sobre un problema similar. También reduce la competencia.

- Listas largas: son buenas para listas de libros, consejos sobre los mejores recursos y cómo encontrar las mejores opciones. El consumidor ama las listas largas por su información fácilmente digerible. Recuerde, la capacidad de atención de un mosquito, y no tendrá problemas. Dado que estos tienden a ser más largos, es crucial dividir el contenido con imágenes y saltos de sección. El botón de compartir en las redes sociales Tweet-Share sería uno que se puede utilizar de manera efectiva durante este tipo de publicación.

Nichos: la lista definitiva

Aquí está la lista definitiva de nichos. Si no puede encontrar uno en esta lista, no pierda la esperanza, pero la probabilidad de eso es escasa. Tómelos como sugerencias si es necesario, pero sepa que todos estos funcionan bien para la industria. Los que se enumeran en el capítulo 2 son los que se consideran los más lucrativos según los estándares de la industria. Algunos de estos, si se dan cuenta, son en realidad micro nichos.

- Finanzas personales
- Independencia financiera
- Viaje
- Viajes piratería / batido
- Levantamiento de pesas
- Fitness corporal
- Yoga
- Ironman o triatlones
- Correr/maratones
- Área local (cosas que hacer en tu ciudad)
- Nómada digital
- RVing
- #Yanlife
- Fotografía
- Wordpress
- Shofy
- Comercio electrónico

- Medios de comunicación social
- Viviendo en el extranjero
- Moda
- Maquillaje
- Estilo personal
- Crianza de los hijos
- Consejos de cocina
- Recetas
- Dietas específicas
- Horneando
- Invertir
- Criptomonedas
- Bienes raíces
- Cuidados
- Motocicletas
- Citas
- Matrimonio
- Divorcio
- Música
- Aprender un instrumento
- Superación personal
- Productividad
- Hablar en público
- Meditación
- Escritura

- Cerveza

- Vino

- Licor

- Elaboración de cerveza casera

- Videojuegos

- eSports

- Deportes físicos

- Trabajo independiente

- Autoedición

- Minimalismo

- Pescar

- Canotaje

- Desarrollo de aplicaciones móviles

- Historias divertidas en el lugar de trabajo

- Proyectos de bricolaje

- Costura/tejido de punto

- Artes y manualidades

- Mejoras para el hogar

- Mascotas

- Educación

- YouTube

- Codificación/desarrollo

- Diseño gráfico

- Frugalidad/presupuesto

- Cupones

- Consejos de Airbnb
- Uber
- Acné/cuidado de la piel
- Solicitudes para la Universidad
- Educación en el hogar
- El embarazo
- Películas
- Jubilación
- Diseño de interiores
- Paisajismo
- Masaje
- Condiciones médicas específicas
- Medicina natural
- Salud mental
- Vivir desconectado
- Energía solar
- SEO
- Comercialización de negocios locales
- Superviviente
- Senderismo, ya sea de día o de lago
- Casas pequeñas
- Automatización del hogar
- Drones
- Carreras
- Religión

- Ateísmo
- Ambientalismo
- Dibujo
- Póker
- TV / Cultura popular

Hablamos sobre cómo hay partes esenciales del blog que se deben hacer con cada publicación. Aquí está esa lista, simplificada, para ti.

- Logo
- Barra de navegación clara
- Barra de búsqueda visible
- Tipografía adecuada
- Diseño de respuesta
- Autoría de Google
- Marcado de editor de Google
- Artículos Relacionados
- Publicaciones más populares
- Últimas publicaciones
- Etiquetas
- Caja de comentarios
- Acerca de la página
- Página de privacidad
- Datos de contacto
- Página de términos y condiciones
- Botones sociales
- RSS Feed
- Kit de medios/relaciones públicas
- Página de servicio/producto
- Formulario de suscripción al boletín informativo
- Elementos de CTA
- Mapa del sitio
- Google analytic

- Herramientas y complementos de SEO

Lista de verificación para una publicación efectiva

Después de publicar

- Crear un segundo pin
- Compartir en las redes sociales
- Compartir con grupos y comunidades
- Verifique el SEO nuevamente
- Convertirlo en otro tipo de contenido
- Responder a los comentarios
- Ampliar con publicaciones futuras

Antes de publicar

- Título atractivo
- Asegúrese de que sea fácil de leer
- Revisa el SEO en tu publicación
- Revisar
- Agregar imágenes preparadas para SEO
- Administra tus imágenes
- Agregue texto alternativo a sus imágenes
- Termine con una pregunta de CTA +
- Agregar enlaces a otras publicaciones
- Use una imagen destacada
- Hazlo descargable
- Hazlo compartible
- Acredite sus fuentes
- Publícalo

Plan para publicaciones de blog exitosas

- Conceptos básicos:
  - Comience con una idea
  - Verifique una herramienta de palabras clave para garantizar la necesidad
  - Crear el proyecto y las necesidades visuales
  - Piense en lo que su lector obtendrá del tema.
  - Escribir un gran titular
  - Elabore una publicación que explique su tema mientras se mantiene fiel a su voz
  - Rompa las publicaciones largas con encabezados apropiados
  - Use listas con viñetas o numeradas para mantener las cosas ordenadas
  - Link a otro contenido en tu blog

- Qué hacer
  - Piensa primero en tu audiencia
  - Use viñetas o listas numeradas para simplificar la información
  - Utilice el encabezado para dividir los temas en la misma publicación para mostrar la progresión
  - Tómese su tiempo para escribir titulares que llamen la atención mientras explica su tema

- Haga referencia a otro contenido dentro de su sitio para que pueda ayudar a sus lectores a profundizar en su blog
  - Deje que su personalidad se muestre agregando su propia voz
  - Cierre la publicación con un comentario o pregunta para provocar comentarios

- Qué no hacer
  - Escribir párrafos súper largos
  - Usar oraciones cortas, fácilmente digeribles
  - Sobre explicar. Usa la menor cantidad de palabras posible
  - En explicar, asegúrese de que su tema esté cubierto lo suficiente
  - Asumir cualquier cosa. Romperlo todo
  - Publicar sin revisión.
  - Siempre edita, nunca te juzgues a ti mismo

Plan de negocios

Portada: La primera página de su plan de negocios, incluirá información como:

- Logo
- Nombre, dirección y número de teléfono
- Nombres, títulos de trabajo e información de contacto de cada propietario
- ¿Quién está preparando el plan?
- Mes y año de creación del plan

Declaración de misión: Deje que todos sepan por qué su negocio necesita existir, qué está ofreciendo al mercado, la imagen pública de su negocio y cuál es su deseo para el público objetivo al que servirá.

Elementos clave
- Descripción de la entidad jurídica.
- Resumen de activos
- Productos y servicios detallados.
- Detalles de ubicación
- Estructura de gestión
- Prácticas de mantenimiento de registros, pólizas de seguro y seguridad

Plan de marketing: asegúrese de incluir todas las áreas de cómo piensa manejar la parte de marketing de su blog y negocio.

- Mercado objetivo
- Competencia

- Planifique distribuir sus servicios y productos
- Campañas publicitarias, empaques, puntos de precio, métodos de comercialización

Finanzas: la estructura de dónde se encuentra financieramente es importante. Asegúrese de incluir los siguientes elementos, tan en profundidad como sea posible.
- Requisitos financieros
- Declaración de fuentes de financiación
- Presupuesto
- Proyección de ingresos a 3 años
- Declaraciones de desempeño pasado
- Balance y resumen

Documentación adicional: la otra documentación principal se incluye en la lista a continuación. Si está creando el blog solo, esto debería ser relativamente simple, pero si tiene un socio que trabaje con usted, asegúrese de tomarse el tiempo para sentarse y analizar esto antes de llegar demasiado lejos en la planificación.
- Currículums
- Estados financieros del personal
- Informes de crédito
- Arrendar copias
- Carta de referencia
- Contratos

Análisis Competitivo: ¿Con quién competirá y cuáles son los más destacados? Si puedes aprender de ellos, ¿qué puedes aprender? ¿Cómo puedes desempeñarte mejor que ellos? Hacer que su marca sea diferente es fundamental para el éxito, así que tómese su tiempo con este paso.

Su declaración de "por qué": ¿Por qué se propone crear este blog? ¿Para qué trabajas y a dónde te lleva esto? ¿Cuáles son los objetivos de vida que este blog te ayudará a lograr? ¿Cómo puede mantenerse motivado, incluso durante una depresión?

Arquitectura de la marca: en el gran esquema de las cosas, ¿cómo encaja tu blog? ¿Es un blog en evolución que se adaptará a los tiempos? ¿De qué manera su marca respaldará el enfoque que adoptará con respecto al desarrollo de productos propios?

La creatividad y los elementos: esto incluye el logotipo, la paleta de colores, la tipografía, las imágenes y su tono. Tómese el tiempo para desarrollar cada parte porque la imagen completa será lo que hará que las personas lo reconozcan.

Posición: ¿Cómo puede ayudar a su consumidor? ¿Cuál es tu superpoder?

Promesa: ¿Qué le prometes al consumidor y en qué se diferencia de tu competencia?

Conclusión

Gracias por llegar hasta el final de *El libro de jugadas avanzadas del blogging*, esperemos que haya sido informativo y capaz de proporcionarle todas las herramientas que necesita para alcanzar sus objetivos, sean cuales sean.

Con suerte, este libro le ha dado un arsenal de herramientas que le permitirán tener éxito y confianza a medida que navega por la comunidad de blogs. El consejo más importante que necesita es este: nadie puede hacer lo que usted hace. Puede haber otros bloggers que están en el mismo nicho, pero el mercado también te necesita. La singularidad que aportas a tu blog es lo que te hará exitoso. Recuerda esto y llegarás más lejos de lo que imaginaste.

El siguiente paso es:

- Complete las hojas de trabajo
- Toma decisiones sobre lo que quieres que sea tu blog
- Encuentra tu nicho
- Construir relaciones
- Comience su plan de negocios
- Decidir sobre una plataforma, dominio y servicio de alojamiento
- Prepara tus páginas legales
- Únete a redes de afiliados
- ¡Disfruta el viaje!

Estoy emocionado por ti cuando comienzas el nuevo viaje a los blogs. Es sorprendente saber que, en breve, otros se unirán a mí en uno de los viajes lucrativos y gratificantes. No solo le resultará más fácil hacerlo debido a este libro, con suerte, puede tomar el consejo y evitar los escollos y errores normales que otros antes de haber cometido.

Aprenda a Diseñar un Sitio Web para Su Negocio, Usando WordPress para Principiantes:

MEJORES Métodos de Desarrollo de Sitio Web, Para Crear Sitios Avanzados sin Esfuerzo Para Una Optimización Completa, Creación de Contenido y Más.

Por Thiago Rivera

Capítulo 1:

Qué es WordPress? Al dividir WordPress en sus conceptos básicos, es el método más popular para crear su sitio web o blog. En este momento, WordPress alimenta el 30% de todos los sitios actuales en Internet; Esto significa que WordPress funciona con menos de uno de cada tres sitios web.

Desde que se lanzó WordPress en 2003, está claro que es la opción más popular para crear su sitio web. WordPress es un software de publicación web que muchas personas confunden solo con una herramienta de blogs, en lugar de un Sistema de Gestión de Contenido (SGC) extremadamente flexible, que le permite desarrollar y administrar el sitio web que creó; simplemente usando su navegador web. La mejor parte de WordPress no es que sea solo una herramienta fantástica, sino que es completamente gratis.

Esto se debe a que WordPress es un proyecto de código abierto. Lo que significa que miles de voluntarios en todo el mundo participan regularmente, mejorando y creando funciones adicionales para el software de WordPress.

Algunas de estas características cubren constantemente nuevos temas, complementos y widgets que permiten a los usuarios crear cualquier sitio Web en el que puedan pensar, esto es lo que hace que WordPress sea tan genial.

Antes de WordPress se consideraba capaz de crear un sitio web como una habilidad poco común. Esto se debió al hecho de que construir un sitio en ese entonces requería que un desarrollador tuviera conocimiento de HTML, PHP y CSS para mostrar imágenes, formatear texto, entre otras. Su navegador web leería el código, y si se codificaba sin ningún error el sitio web se mostrará para el usuario final.

Hoy en día, debido a la mejora constante de la tecnología, la creación de WordPress hace que el proceso de crear un sitio web sea tan simple como instalar el software WordPress en su servidor web en cuestión de 5 minutos. Una vez que termine de instalar, podrá iniciar sesión en su sitio de WordPress utilizando su navegador web elegido, logrando crear cualquier sitio web, son tan solo usar un dedo. WordPress ofrece una interfaz de usuario fácil de usar, ahorrando al usuario el incentivo de tener que aprender a codificar.

Sin embargo, hay algo para recordar antes de seguir adelante y tratar de usar WordPress. Esto es que hay dos WordPress diferentes: **WordPress.org y WordPress.com**

> **WordPress.org** – Este es el WordPress autohospedado, que permite a los usuarios descargarlo y usarlo como quieran. Todo lo que hay que hacer es obtenerlo para el alojamiento web y un nombre de dominio para comprar, lo que le da al usuario un control total sobre todo.
>
> **WordPress.com** – Por otro lado, WordPress.com es un servicio que WordPress ofrece a los usuarios. Donde WordPress maneja todo por usted sin flexibilidad en comparación con lo que ofrece WordPress.org.

Para este libro, veremos cómo crear un sitio web en WordPress.org. Tenga en cuenta que la mayoría de los temas mencionados para WordPress.org pueden aplicarse a WordPress.com.

Capítulo 2:

Compra de un Dominio y Alojamiento.

Cuando se trata de comprar el alojamiento de su sitio web y el nombre de dominio, a menudo se pasa por alto. Antes de profundizar en cómo comprar su nombre de dominio y alojamiento para su sitio web, creo que es mejor cubrir qué es un nombre de dominio y alojamiento web:

> **Nombre del dominio** – Un nombre de dominio es la dirección de su sitio que las personas ingresan en la URL de su buscador para visitar el sitio web seleccionado.

> **Alojamiento Web** – El alojamiento web es la ubicación donde se almacenará los archivos de su sitio web, algunas personas lo consideran el hogar de su sitio.

Los nombres de dominio y el alojamiento web trabajan juntos para que un sitio web funcione. Sin que ambos trabajen juntos, un sitio web no funcionaría para las necesidades del usuario, considere el sistema como el que está detrás de cada nombre de dominio, hay una dirección del alojamiento web que almacena los archivos del sitio web.

Cuando se encuentra el alojamiento web, a menudo se pasa por alto, es esencial observar cada característica específica por la que está pagando; ya que tener un gran sitio web requiere que tengas un buen alojamiento web.

Cómo tener un alojamiento web de alta calidad puede mejorar su optimización de motor de búsqueda (SEO) y aumentar las conversiones. Existen múltiples tipos de contratos de alojamiento web como:

1. Gratis
2. Compartido
3. VPS
4. Dedicado

Al elegir con qué proveedor de alojamiento web ir, observa su velocidad, seguridad y confiabilidad. Todo esto es muy necesario a la hora de elegir su proveedor de alojamiento, ya que proporcionará a sus usuarios la mejor experiencia posible.

Un proveedor de servicios de alojamiento web que recomiendo es Bluehost al decidir: ¿qué paquete comprar? Compare los paquetes que proporcionan con las variables que se discutieron previamente y que se adaptan a su presupuesto.

Ahora, al encontrar qué nombre de dominio se adapta mejor a su sitio web, es vital verificar antes de comprar cualquier nombre de dominio que se le ocurra.

Los tres controles que debe realizar antes de comprar su nombre de dominio son:

1. **Verificar competencia** – Al verificar la competencia, ingrese las palabras clave principales para su dominio seleccionado y vea si hay competencia para esa búsqueda. Por ejemplo, ingresar el término de búsqueda "BookFace.com" sería un mal nombre de dominio. Este es el caso, ya que estaría compitiendo con los gustos de Facebook y otros sitios de autoridad.

2. **Siempre usa .com** – La razón de esto es que .com se ha convertido en el final más memorable al escribir la URL de un sitio web.

3. **Mantenlo corto** – Si tienes tu nombre de dominio largo y complicado, podría

arriesgarse a que los clientes escriban
mal o tenga errores ortográficos.

Al seleccionar dónde comprar su nombre de
dominio, recomiendo usar GoDaddy, esto se
debe a que ofrecen una interfaz de usuario fácil
de usar para encontrar un dominio para su sitio
web. Además, ofrecen algunas de las mejores
ofertas en el mercado para comprar un nombre
de dominio. Recuerde al elegir su nombre de
dominio; aplicar los tres controles a su
investigación.

Capítulo 3:

Instalar WordPress. Cuando se trata de instalar WordPress, puede volverse complicado si ahora sabes lo que estás haciendo. La forma más fácil de descargar WordPress es a través de su proveedor de alojamiento web. Para este caso, explicaré cómo descargar WordPress si su proveedor de alojamiento es Bluehost, para la mayoría de los proveedores de alojamiento es relativamente fácil también descargar WordPress.

Paso 1: Ir a My.Bluehost.com

Una vez que haya iniciado sesión en su panel de control de Bluehost, vaya a la sección llamada "sitio web" y seleccione el ícono de WordPress, esto lo redirigirá a "Mojo Marketplace". En pocas palabras Mojo Marketplace es un diccionario de aplicaciones, que se compone de aplicaciones que son gratuitas pero no muy fáciles de instalar.

Paso 2: Instalar WordPress en Bluehost

Una vez que haya sido redirigido a Mojo Marketplace, habrá un gran botón verde que dice "Instalar nuevos scripts", haga doble clic en él y espere a que lo dirija a una nueva pantalla.

Paso 3: Elige tu nombre de dominio. La nueva pantalla debe pedirle que "Seleccione en qué dominio desea instalar:" Ingrese el nombre del dominio que ha comprado, sin embargo, antes de hacer clic en el botón que dice "Verificar dominio", debe haber un pequeño cuadro junto a una reacción repentina.

Aquí es donde puede decidir qué directorio WordPress debe instalarse también. Para su caso no ingrese nada. Una vez que haya ingresado el campo de información correcto y esté satisfecho, haga clic en el botón "Verificar Dominio". Puede aparecer un mensaje que dice "Parece que los archivos ya existen en esta ubicación". Simplemente ignore este mensaje y haga clic en "Continuar".

Paso 4: Escriba su Información de inicio de Sesión de WordPress.

Puede tomar algunos minutos para dejar que WordPress se instale. Una vez que se complete la instalación, se le redirigirá a una página que le dará su información de inicio de sesión de WordPress, y esto incluye lo siguiente:

- URL de tu sitio web
- La URL de administrador de su sitio web
- Su nombre de usuario
- Su contraseña

Asegúrese de que cuando se muestre esta información, anótela en dos hojas de papel para asegurarse de no perderla y guárdela en un lugar seguro. Recibirá un correo electrónico de confirmación, rectificando toda la información por usted una vez más. Si no ve su sitio con tecnología de WordPress de inmediato, no se preocupe, puede tomar hasta alrededor de 12 horas antes de que su nuevo sitio esté disponible.

Paso 5: Felicidades!
Si siguió todos los pasos correctamente, debería haber completado el proceso de instalación de WordPress en su cuenta de Bluehost. Ahora puede comenzar a editar temas, cargar complementos y agregar contenidos a su nuevo sitio de WordPress.

Capítulo 4:

Haciendo Uso del Tablero. Una vez que haya abierto WordPress por primera vez y el panel de control le dé la bienvenida, entiendo que puede ser confuso para los principiantes. Aprender el tablero es lo que evita que muchas personas intenten usar WordPress, sin embargo, al aprender los conceptos básicos de lo que el tablero tiene para ofrecer; debería prepararte para ir por el agujero del conejo cuando intentas crear sitios web sofisticados.

Cuando inicie sesión por primera vez en WordPress, deberá recibir el panel de control con muchas opciones en el panel lateral y configuraciones en la pantalla principal. Esto es lo que se considerará como la sala de control de soporte de su sitio web; puedes editar lo que se muestra en tu panel seleccionado "Opciones de Pantalla" en la parte superior de la página en la esquina derecha. Aparecerá un menú desplegable que le dará las opciones sobre lo que desea ver (algunas de las opciones pueden no estar disponibles para usted, esto se debe a que es posible que no haya descargado los complementos compatibles).

Pasando a la siguiente parte del panel de control llamada "Publicaciones", aquí es donde se encuentran sus cosas, como publicaciones de blog, boletines y más; estarán ubicados.

Los siguientes son los medios de comunicación. Esta será la sección donde se ubicarán las fotos, videos, PDF y más en su sitio web. Al comenzar, su biblioteca estará vacía, esto se debe a que aún no ha subido ningún archivo.

La cuarta sección en la barra lateral es "Páginas". Las páginas son las que construyen su sitio web para tener múltiples páginas web, algunas de éstas web podrían incluir lo siguiente:

- Página de inicio
- Sobre nosotros
- Preguntas frecuentes
- Y más

La sección de páginas le permitirá ver todas sus páginas actuales que ha creado. Todas estas páginas se pueden agregar a una barra de navegación, para que los usuarios no tengan problemas al navegar por su sitio web.

Seguido por la sección de "comentarios". Esto incluirá todos los comentarios que hayan quedado en sus publicaciones, si acaba de instalar WordPress, no tendrá comentarios disponibles. Para los bloggers, aquí es donde podrán ver lo que les gusta a sus espectadores y no lo que les gusta de su blog.

Una de las secciones más complicadas de tu WordPress es la sección de apariencia, ya que aquí es donde la mayoría de las personas se confunden. Hay múltiples subcategorías para la sección de Apariencia. La primera subcategoría es temas; hablaremos más sobre este tema en el Capítulo 5. La sección de personar es donde puede editar detalles específicos sobre el tema que ha elegido. Los widgets, menús, encabezado y fondo se puede abrir haciendo clic en la opción de personalizar. La configuración y las opciones del tema le permiten ver enfoques más detallados de lo que su tema tiene para ofrecer.

La opción de complementos le ofrece formas de agregar y ampliar cómo funciona su sitio de WordPress (Esto se tratará más a fondo en el Capítulo 10). Agregar complementos a su sitio web de WordPress puede otorgar acceso para brindar a los usuarios de su sitio web una mejor experiencia.

La sección del usuario es si necesita tener diferentes tipos de usuarios con un rango de permisos de inicio de sesión, toda esta sección es por si necesita agregar nuevos usuarios o editar su perfil de usuario. Esto ayuda a sitios como foros, donde las personas tienen diferentes permisos de usuario en todo tipo de sitio web.

La opción de configuración dentro del panel lateral puede variar según los complementos que haya instalado. La pestaña de configuración general dentro de la configuración es donde puede editar el título de su sitio, URL, lema, dirección de correo electrónico de contacto y más. Para la subcategoría de escritura, aquí puedes elegir tus categorías predeterminadas y formatos de blog. La categoría de discusión le ofrece la opción de editar y filtrar sus comentarios. Luego, también para leer, aquí es donde puede elegir cómo se verá su pantalla de FrontPage. Los medios le permiten determinar la cantidad máxima de dimensiones en píxeles que desea agregar para adicionar a su biblioteca de medios. Finalmente, para enlaces permanentes, esto le ofrece la opción de personalizar su URL.

Debe tener una visión mucho más clara de lo que el tablero tiene para ofrecer, refiérase a su tablero como la base de todo su sitio web donde puede controlar todo.

Capítulo 5:

Encuentre e Instale un Tema. Una de las piezas más cruciales para comenzar un sitio web de alta calidad es decidir cómo le gustaría que se vea. Es posible que tenga una visión clara de cómo le gustaría que sea su sitio, o tal vez desee obtener un poco de inspiración para encontrar un tipo de diseño adecuado. Cualquiera de las dos opciones, WordPress lo hará más cómodo para que diseñe su sitio web exactamente como lo desea. ¡Esto se hace a través de sus temas fáciles de usar!

Los estilos de tema de WordPress son la forma más fácil y una de las más baratas de crear su sitio, diseñado según sus necesidades con una plantilla seleccionada que le encante. Cubriremos cómo puede continuar, encontrar y descargar el tema de WordPress elegido en su sitio web.

Para comenzar a elegir un tema, vaya a la pestaña "Apariencia" y seleccione la subcategoría de "Temas", que se encuentra en el lado izquierdo de su panel de WordPress. Una vez que se haya cargado la página

"Temas", haga clic en el botón "Agregar nuevo" ubicado en la parte superior de la página.

Si se completa adecuadamente, debe llegar a la página "Agregar Temas", donde puede explorar los diferentes temas; que son excelentes para todos los diferentes tipos de sitios web. Si desea filtrar los diseños para obtener ideas de manera efectiva, le recomiendo que consulte las pestañas "Destacado" y "Popular" dentro de la página del tema. Pero si tiene una idea clara de cómo le gustaría que se viera su sitio web, use el botón "Filtro de Funciones" le permitirá buscar únicamente las funciones de los temas que está buscando y generará una lista que cumpla con sus requisitos. Cuando encuentre el tema que coincida con lo que está buscando y quiera probar, todo lo que debe hacer es hacer clic en el botón "Instalar".

Una vez que el tema haya terminado de instalarse, deberá ubicarlo en su página principal de "Temas". Esto requerirá que haga clic en "Activar" para cargarlo en su sitio web.

Si ha optado por invertir en la apariencia de su sitio web comprando una plantilla de tema personalizada o premiun. Para cargarla en su sitio, en la parte superior de la página, ubique la pagina "Agregar Temas" y seleccione "Cargar Tema". Desde su clic en "Elegir Archivo" y busque el tema personalizado o premium, y cárguelo. Una vez que se haya cargado, haga clic en "Activar" para cargarlo en su sitio web.

Ahora que ha aprendido a buscar e instalar temas, este es solo el comienzo de la madriguera del conejo. Ahora puede aprender formas y jugar sobre cómo personalizar su tema más a su gusto.

Capítulo 6:

Crear Páginas y Publicaciones. Crear páginas y publicaciones es muy importante para todos los sitios web.

Como eso es lo que hace que su sitio sea navegable, permite que el usuario de un sitio web obtenga la información más especifica que necesita. En lugar de tener que localizar el segmento de texto en una página completa. Dentro de las páginas, tienes publicaciones que son piezas de contenido que podrían considerarse algunos como artículos de noticias, que se actualizan regularmente, lo que significa que no crearía una nueva página para cada articulo que tenga. O el sitio web se volvería lento y desordenado para los usuarios.

Para crear una página, vaya a la sección "Páginas" en el panel lateral y haga clic en "Agregar Nuevo", si aún no ha creado una página. Asegúrese de crear el mínimo de dos páginas; que son más específicamente una página de "Inicio" y una página de "Publicaciones". Una vez que haya creado sus dos páginas nuevas, haga clic en publicar, antes de hacerlo desmarque todos los cuadros de diálogo (Si aparecen).

Una vez que haya configurado sus dos páginas, querrá mostrar a WordPress cómo se clasificará su página de inicio. Para ejecutar esto, debe navegar a la pestaña Apariencia en el tablero, dentro de una subcategoría seleccionar personalizar. Una vez que haya sido reenviado a una nueva página, haga clic en la pestaña "Configuración de la Página de Inicio". Se le presentarán varias opciones, como mostrar su página estática o sus últimas publicaciones. Elegir una página estática es la opción más popular y adecuada para la mayoría de los sitios web a menos que esté creando un sitio de noticias. Deberá asignar sus últimas publicaciones a la "Pagina de Publicaciones", para que los usuarios de su sitio web puedan navegar fácilmente para encontrar sus publicaciones recientes. Asegúrese de no olvidar hacer clic en "Publicar o Guardar Borrador" en la parte superior de la página, cuando haga clic en los cambios se aplicarán a su sitio web.

Ahora, para que sus páginas sean navegables, querrá agregar todas sus páginas a un menú de navegación, esto facilitará a los usuarios el acceso a su sitio web. Para continuar y agregar páginas a su menú de navegación, vaya a "Apariencia" en su panel de WordPress, seleccione "Personalizar pantalla" y finalmente haga clic en la pestaña Menús. Para terminar de crear su menú, se lo enviará a una página que le mostrará todas las que ha creado. Seleccione las páginas principales relevantes que desea que los usuarios naveguen; ejemplos son su página de inicio, sobre nosotros, la página de publicaciones y más. Cuando termine, el menú se agregará a la página elegida, repita este proceso para sus páginas de navegación y haga clic en publicar. Después de que haya publicado su menú de navegación, revise su sitio web en vivo para asegurarse de que haya resultado como esperaba.

Una vez que su página de publicaciones esté completamente activa, puede comenzar a agregar publicaciones y comenzar a crear una gama de contenido para los lectores. Una gran cosa acerca de WordPress es que este proceso sea increíblemente fácil.

Capítulo 7:

Crear Categorías y Etiquetas. Las categorías y etiquetas son las principales formas de agrupar contenido para su sitio de WordPress. Al ser categorías más específicas son etiquetas generales "Labels", y las etiquetas "Tags" son etiquetas mas especificas.

Un resumen de las categorías es que son la forma más general de agrupar contenido en WordPress. Una categoría resume un solo tema o múltiples temas asociados entre sí.

Ocasionalmente, una publicación se puede conectar a varias categorías a la vez. Sin embargo, no es una buena idea dirigir una publicación a más de 2-3 categorías. La razón principal de una categoría es ordenar el contenido de manera organizada, lo que facilita el acceso de un usuario. Por ejemplo, si escribiera una publicación anunciando las ultimas noticias, la ordenaría en la categoría "Noticias". Sin embargo, si escribo una publicación sobre el último equipo de cámara en el mercado, asignaría esa publicación a la categoría "Noticias" (ya que es la "Ultima"). Luego, también a la categoría Tecnología (ya que es una pieza de tecnología también).

Para agregar una categoría a su sitio web, vaya a la categoría de publicaciones en el panel de control; luego, dentro de las publicaciones, haga clic en la subcategoría de categorías en la categoría de publicaciones, para crear una categoría, escriba como le gustaría llamarla, en el cuadro de texto "nombre". Para el cuadro de texto "pegajoso"; ingrese el mismo nombre que ingresó en el cuadro de texto "Nombre", esto aparecerá en su URL como la página especificada. Luego, si la categoría es una subcategoría de otra categoría, deseará agregarla a la categoría principal relevante; si no es así, haga clic en "no". Para la descripción, aquí es donde puede escribir qué tipo de publicaciones pertenecen a la categoría. Ahora, cuando haya creado categorías relacionadas para sus publicaciones de contenido, asegúrese de asignarlas a las categorías correctas. Esto facilitará a los usuarios a encontrar la información que necesitan para navegar en su sitio.

Las etiquetas, por otro lado, son excelentes si desea identificar un contenido elegido por palabras clave específicas; las etiquetas son diferentes a las categorías por la forma en que las usa; las categorías están destinadas a especificar un tipo de género para la publicación. Sin embargo, las etiquetas van más en profundidad y definen de qué habla una sola publicación si está escribiendo una publicación, se espera que incluya varias etiquetas para indicar de qué está hablando su publicación; para su sitio web y motor de búsqueda de navegadores web.

Un excelente ejemplo de esto sería si estuviera escribiendo una publicación sobre Francia ganando la copa del mundo. Agregaría etiquetas como Francia, Futbol, Rusia, Copa Mundial. Y la lista podría seguir. Al crear sus etiquetas, deberían poder resumir la idea de lo que estaba en la publicación; simplemente usando palabras clave.

Para editar etiquetas vaya a la sección "Publicaciones" en el panel lateral y seleccione la subcategoría "Etiquetas". Aquí podrá ver las etiquetas que han resultado relevantes para publicaciones específicas. No tendrá que visitar esta sección con frecuencia. Sin embargo, es bueno tener una visión general de vez en cuando; para que pueda ver qué etiquetas específicas diferentes ha usado con más frecuencia. Cuando escribe sus publicaciones, puede asignarles etiquetas editando en la sección llamada "Agregar Etiquetas".

Llegando a una conclusión, las categorías y etiquetas dentro de WordPress son cruciales para garantizar que su sitio web esté organizado; en términos de hacer que su contenido sea fácil de navegar.

Capítulo 8:

Crear Menús de Navegación. No tiene sentido decir lo importante que es tener un menú fácil de navegar, menú de navegación. Un menú ayuda a crear una estructura para su sitio web, proporcionando a los usuarios una forma libre de estrés para navegar por su sitio. Luego, por otro lado, también hace que sea fácil para los motores de búsqueda descubrir el contendido de su sitio web, lo que aumentará el SEO.

Antes de crear su menú de navegación, es vital que haya creado páginas para agregar a su menú. Para comenzar a construir el menú de su sitio, vaya a la sección "Apariencia" en el panel lateral, luego haga clic en la subcategoría "Menús". Una vez que haya llegado a la página de menús, ingrese el nombre del menú elegido en el campo "Nombre del Menú" y una vez hecho, seleccione el botón "Crear Menú". Por ejemplo, para este tutorial, llamé al mío "Menú Encabezado", esto se debe a que será el menú que aparecerá en el encabezado de mí tema (en la parte superior del sitio web).

Una vez que se ha creado el menú, puede comenzar a agregar algunas de sus publicaciones, categorías y enlaces personalizados. Verá los elementos que tiene disponibles para agregar a su menú para este caso agrupe los elementos adecuadamente, haciendo clic en la casilla de verificación para que aparezcan en su menú. No tiene que agregar cosas a su menú, como privacidad y páginas de TOS, ya que es probable que los usuarios de su sitio web no estén interesados en eso (para páginas como esa, recomendaría el pie de página).

Para reordenar el menú y crear elementos de submenú, en la mayoría de los casos, la página "Inicio" debería ser su primer elemento en su menú; entonces el resto de las páginas dependerán de la importancia de las mismas. En general la página "Contacto" es la última para la mayoría de los casos. Para reordenar los elementos del menú, deberá hacer clic en las cosas que desea mover en el menú. Luego, una vez que haya elegido su elemento, arrástrelo hacia arriba o hacia abajo según donde desee que se ubique.

Si desea crear un subcategoría para su menú, haga lo mismo haciendo clic y manteniendo presionado, luego arrastre debajo de la categoría a la que desea que se subponga y muévala a la derecha de la misma.

Ahora, una vez que haya configurado su menú, debe agregarlo a su sitio web en vivo. Dependiendo del tema que haya elegido, determinará donde colocarlo. Debería ver "configuración de menú" en la página "Estructura de menú", no le recomiendo que haga clic automáticamente, ya que es mejor agregarlo a sus páginas manualmente. La razón de esto es que si su tema prioriza el menú de encabezado, podría acabar con algunos de los títulos de sus páginas que no se muestran completamente debido a que los títulos son demasiado largos. Por tanto, asegúrese de seleccionar manualmente una ubicación de menú que esté optimizada para la navegación del usuario.

Finalmente, una vez que haya terminado de agregar las páginas al menú, elija la estructura del menú y haya seleccionado la ubicación de visualización. Puede guardar su menú haciendo clic en el botón "Guardar Menú", luego vea cómo se verá desde la vista de un usuario.

Capítulo 9:

Como Usar Widgets y Barras laterales.

Uno de los puntos más vendidos de WordPress es lo personalizable que puede ser. Sin embargo, debe conocer las características esenciales y cómo obtener lo mejor de su sitio web. Aprender cómo funcionan los widgets y las barras laterales es un excelente punto de partida.

Los Widgets le permiten mejorar funcionalidades particulares de las barras laterales y pies de página de su sitio de WordPress, la parte más importante al respecto, es que no necesita tener ningún fondo de codificación para usarlos. Todo gracias a los widgets, pueden hacer que sus barras laterales muestren publicaciones recientes, proporcionar una barra de búsqueda, mostrar imágenes y más.

WordPress ofrece algunas formas de personalizar la funcionalidad y el aspecto de sus sitios web. Un ejemplo de estos temas solo le permite realizar cambios significativos en el aspecto de su sitio. ¿Qué sucede si desea agregar una función específica a las páginas de su sitio web? La única solución para esto son los widgets. Los widgets ofrecen una opción flexible para realizar micro cambios en su sitio, todo esto se hace predeterminado a través de WordPress; Esta es una de las mejores cosas de los widgets. Como se hace predeterminado a través de WordPress, no podría ser más fácil agregar widgets específicos a su sitio.

Para colocar Widgets, hay varios puntos designados disponibles para colocarlos en su sitio, dependiendo de su tema. La mayoría de las veces, los widgets se encuentran principalmente en el pie de página y en las barras laterales.

Para agregar un widget a su sitio web es muy fácil como se indicó anteriormente, así que veamos cómo agregar widgets a su sitio de WordPress. Primero diríjase a su panel de WordPress, en el panel lateral, seleccione la sección "Apariencia" y haga clic en la categoría "Personalizar". Una vez que haya sido reenviado a la página de personalización, seleccione la pestaña "Widgets". Se le mostrará una lista de áreas donde puede colocar widgets en su sitio, la cantidad de lugares puede variar según el tema que esté utilizando.

Ahora puede seleccionar un área de widget que posiblemente le gustaría personalizar. Se le presentarán un par de widgets que se enumeran allí. Si sus widget pensados aún no se ha agregado, haga clic en el botón "Agregar un Widget" para que se le presenten más widgets que podría agregar al lugar seleccionado. Si desea personalizar un widget elegido, selecciona la flecha pequeña en la esquina derecha. Cada widget tiene también un conjunto único de opciones para personalizar. Sin embargo, si desea eliminar un widget, puede hacer clic en "Eliminar" en la parte inferior de su ventana, luego, para volver a ordenar, puede hacer clic y mantener presionado un widget seleccionado y arrastrarlo hacia arriba y hacia abajo.

Dentro de la ventana de personalización, puede ver sus ediciones tomar lugar. Para poder visualizarlo antes de cargar la última edición de su sitio.

En general, los widgets y las barras laterales le ofrecen una amplia gama de posibles cambios para hacer su sitio web, haciéndolo un poco más personalizado para usted y los usuarios de su sitio web. Como he dicho antes con otros capítulos de WordPress, este es solo el comienzo de la madriguera del conejo. Con los widgets, puede entrar en mucho más detalle si es necesario, algunas de estas cosas incluyen;

* Edición de títulos.
* Cambio de Valores.
* Y más.

Esperemos que, esto le haya abierto la mente sobre cómo puede utilizar widgets y barras laterales en mayor grado.

Capítulo 10:

Como Usar Complementos. Aprender a usar y descargar complementos para su sitio de WordPress es algo importante que cada principiante debe aprender. Los complementos le dan la opción de crear nuevas funciones para su sitio web, como presentaciones de diapositivas, mensajes de ventanas emergentes, entre otras. Al Buscar complementos, notará que hay miles de complementos gratuitos y de pago disponibles. Al final de este capítulo, tendrá un claro alcance sobre cómo instalar complementos de WordPress en su sitio.

Al intentar instalar un complemento, hay varias formas de hacerlo, pero la forma más fácil es usar la barra búsqueda de complementos. El primer paso para comenzar a descargar un complemento es en el panel de control, vaya a la sección "Complementos" y haga clic en la subcategoría "Agregar nuevo".

Se le presentará una página que tiene múltiples complementos que puede usar para su sitio web; puede ordenar los complementos mirando "Destacados", "Populares",

"Recomendados" y "Favoritos". Sin embargo, si desea un tipo específico de complemento, use la barra de búsqueda en la esquina superior derecha e ingrese el nombre del complemento o la función; lo que está buscando que haga el complemento para su sitio web.

Dependiendo de lo que ingresó, se le mostraran listados relevantes para sus palabras ingresadas. Puede elegir el complemento que mejor se adapte a sus necesidades, una vez que haya seleccionado un complemento, haga clic en el botón "Instalar Ahora" para comenzar a descargar el complemento en su sitio web. Una vez que el complemento haya finalizado la descarga, se le mostrará una notificación de mensaje de éxito, con un enlace de activación llamado "Activar Complemento" o un enlace "Volver al Instalador de Complemento", esto lo llevara de regreso al instalador del complemento.

Asegurarse de hacer clic en el enlace de activación es vital. Si no hace clic, el complemento no sirve para nada y no hará nada dentro de su sitio web.

Capítulo11:

Crear un Formulario de Contacto.

Asegurarse de tener un formulario de contacto para su sitio de WordPress es muy importante, ya que si no tiene uno, ¿Cómo se comunicará con usted su audiencia? ¿Sin perseguirte? ¡No pueden! Al agregar un formulario de contacto, es la forma más fácil para que los usuarios de su sitio web se comuniquen con usted.

La forma más fácil que encuentro para agregar un formulario de contacto es mediante la instalación del complemento "WPForms". Esto se debe a que es rápido y fácil de configurar para cualquier sitio.

Para instalar "WPForms" vaya al panel de control de sus sitios de WordPress y seleccione la sección "complementos" en el panel lateral y elija la subcategoría "Agregar Nuevo". Una vez que se reenvíe a la página "Agregar Nuevo", busque en el panel "WPForms". Haga clic en el botón "Instalar" y, una vez que haya terminado la instalación, seleccione el enlace de activación.

Una vez que haya activado "WPForms", regrese al panel de WordPress y se debe agregar una nueva sección al panel lateral llamado "WPForms". Haga clic en "WPForms" y elija la subcategoría llamada "Agregar Nuevo". Una vez que se haya cargado la página de configuración, elija el "Formulario de Contacto Simple", que está disponible de forma gratuita.

A partir de ahí, "WPForms" creará automáticamente todos los tipos típicos de campos que necesitaría para un formulario de contacto. Si elige agregar otro campo estándar, haga clic y cree. Una vez que esté satisfecho con el diseño de su formulario de contacto, haga clic en "Guardar" en la esquina superior derecha.

Ahora que se ha creado el formulario de contacto, deberá agregarlo a su sitio. La forma más eficiente de hacerlo es agregando el formulario a una página, publicación o área de widgets. Si ya ha creado una página de "Contáctenos" que tenderá a ser el mejor lugar para ponerla en su sitio.

Para hacer esto, vaya a la página elegida, también está agregando su formulario de contacto; verá un ícono llamado "Agregar Formulario" al lado de agregar medios en el editor. Haga clic en el botón "Agregar Formulario" y elija el formulario que acaba de crear; desde el menú desplegable. También tendrá la opción de agregar el título y la descripción del formulario a su página. Cuando haya seleccionado sus opciones, haga clic en el botón "Agregar Formulario" y guarde la página. Ahora debería poder ver su formulario de contacto trabajando en nuestro sitio web.

Capítulo 12:

Asegure su sitio. Como se dijo antes, WordPress es el creador de sitios web más popular, sin embargo, es esencial asegurarse de que el sitio web sea seguro en todo momento. La razón principal de esto es que WordPress tiene código fuente abierto y es accesible en línea, por lo que cualquiera que sea lo suficientemente inteligente; posiblemente podría encontrar una fisura para atacar un sitio web. Esto le da a los piratas informáticos una ventaja, lo que dificulta que los propietarios de sitios web y los desarrolladores de WordPress aseguren sus sitios contra los piratas informáticos para que no puedan acceder a su sitio web.

El primer procedimiento para hacer que su sitio web de WordPress sea más seguro es usar contraseñas seguras. Esta es una práctica de piratería popular para probar diferentes contraseñas para su cuenta de alojamiento o su administrador de WordPress e iniciar sesión. Para acelerar el proceso a una eficiencia mayor; los hackers tienden a usar el software de descifrado de contraseñas con una contraseña alfanumérica con múltiples conjuntos de caracteres. Si no puede intentar crear una contraseña alfanumérica, existen aplicaciones en línea que pueden desarrollar contraseñas seguras para usted. Entonces, un consejo rápido es no guardar sus contraseñas en su navegador para iniciar sesión automáticamente.

Otra forma de contrarrestar a los hackers es mediante el uso de diferentes nombres de usuario para su inicio de sesión de administrador de WordPress. Esto se debe a que la mayoría de los usuarios de WordPress usan su nombre de usuario web predeterminado como su nombre de usuario para WordPress. Los hackers son conscientes de esto y saben atacarlo, por tanto, al usar su nombre de usuario predeterminado para su inicio de sesión de administrador; les estás dando a los atacantes una gran ventaja.

El siguiente método para evitar que los hackers desafíen su sitio web es habilitar la protección BruteForce. BruteForce actúa como una medida de seguridad adicional para evitar que los piratas informáticos fuercen contraseñas brutas. Para habilitar

BruteForceProtection, puede usar complementos como "BulletProof Security", herramientas como esta pueden limitar el número de intentos de inicio de sesión a una cantidad menor, lo que deshabilitará el inicio de sesión del hacker por un período de tiempo o pausará la cuenta; desde poder iniciar sesión hasta que se active. Para instalar "BulletProof Security", vaya a la sección "Complementos" en su tablero y seleccione la subcategoría "Agregar Nuevo". Una vez cargado, escriba en la barra de búsqueda "BulletProof Security", instale el complemento y active.

La última medida de seguridad para mantener su sitio web seguro es actualizar su versión, temas y complementos de WordPress de manera consistente. Esto se debe a que muchas aplicaciones y WordPress en sí emiten actualizaciones para corregir la seguridad contra los ataques que se han observado y corregido.

Hay muchas maneras de mantener su sitio web seguro; Al seguir algunas de las sugerencias enumeradas, puede ayudarlo a hacer que su sitio sea seguro tanto para usted como para sus usuarios en línea.

Capítulo13:

**Añadir Botones para Compartir en Redes
Sociales.** Crear interacciones en las redes
sociales es beneficioso para su web de muchas
maneras. Puede ayudarlo a obtener nuevos
lectores y espectadores; También puede ayudar
a tus publicaciones y productos a desplazarse
por las redes sociales. Una de las formas más
fáciles de hacer que su contenido se pueda
compartir es agregar botones para compartir en
redes sociales.

La forma más fácil de agregar botones para
compartir en redes sociales a su sitio web de
WordPress es mediante la instalación de un
complemento llamado "Social Pug". El "Pug"
social ayuda a las cinco redes sociales
principales, que son las siguientes:

- Facebook
- Twitter
- Google+
- LinkedIn
- Pinterest

El "Social Pug" le ofrece la opción de crear
botones personalizables para compartir en

redes sociales, a su gusto, incluyendo dónde están ubicados los botones.

Para instalar el complemento social. Primero, vaya a su panel de control, luego elija la sección "Complementos" y haga clic en la subcategoría "Agregar Nuevo". Una vez cargado, escriba en la barra de búsqueda "Social Pug" y luego instálelo y actívelo. Una vez activado, vaya a su tablero y seleccione la opción "Social Pug" en el panel lateral, elija la subcategoría "Kit de Herramientas". A continuación, tendrá que elegir qué botones le gustaría para compartir (Contenido en Línea o Barra Lateral Flotante). Actívela a su gusto y luego seleccione "Configuración". Aquí podrá modificar los botones sociales según las necesidades de su sitio. Dentro de "Redes Sociales", haga clic en "Seleccionar Red". Una vez hecho esto, elija las plataformas de redes sociales en las que se encuentra su sitio web y en las que le gustaría ser exhibido.

Una vez que esté satisfecho con su selección y los detalles del botón para compartir, haga clic en "Guardar Cambios". Entonces puede tener una vista previa en vivo de sus botones de compartir en vivo.

Conclusión

En general, "Aprenda a Diseñar un Sitio Web para Su Negocio, Usando WordPress para Principiantes". Ha cubierto todos los aspectos de lo que se necesita para crear un sitio web de WordPress, hemos hablado sobre cómo descargar WordPress para asegurar su sitio. Al seguir este libro, debe tener una idea distintiva y una base de conocimientos sobre cómo usar WordPress de manera efectiva a un alto nivel.

Recuerde que esto es solo el comienzo y cuanto más use WordPress, más cómodo se sentirá al usarlo. Tome medidas sobre lo que se le enseñó y cúmplalo; se sorprenderá de dónde puede llevarle la consistencia.

Finalmente, si encuentra este libro útil de todos modos, ¡siempre apreciamos una crítica honesta!

www.ingramcontent.com/pod-product-compliance
Lightning Source LLC
Chambersburg PA
CBHW071420150726
48000CB00001B/421